AF596384

CATALOGUE RAISONNÉ

DES

MINÉRAUX DU MORBIHAN.

CATALOGUE

RAISONNÉ

DES MINÉRAUX DU MORBIHAN

POUR FAIRE SUITE
AUX CATALOGUES DES MOLLUSQUES ET DES OISEAUX, ETC.
DÉJA PUBLIÉS SOUS LES AUSPICES
DE LA SOCIÉTÉ POLYMATHIQUE DU MORBIHAN.

PRÉSIDENT : M. PRULHIÈRE.

PAR LE Cte DE LIMUR

Ancien Conseiller général du Morbihan,
Officier de l'Ordre Impérial de la Rose du Brésil, décoré de la Plaque
de cet Ordre, etc.,
Président de la Commission Météorologique du Morbihan,
de la Société Géologique de France, de la Société d'Histoire naturelle de Toulouse,
de la Société de Minéralogie de France,
de la Société des Sciences et Arts de Béziers, de la Société Linnéenne
de Normandie,
Correspondant de l'Académie Delphinale,
Doyen de la Société Polymathique du Morbihan, etc., etc.

VANNES
IMPRIMERIE GALLES, RUE DE LA PRÉFECTURE.

1883.

INTRODUCTION.

MESSIEURS,

Vous avez bien voulu nous confier la rédaction d'un nouveau Catalogue des minéraux de notre département, si riche en belles substances, et cependant bien peu exploré.

C'est donc sous les auspices de la Société polymathique que nous écrivons ces lignes.

Avant tout, — il faut le déclarer — nous n'avons point ici la prétention de rien entreprendre de nouveau, mais de faire l'essai, à l'aide des spécimens que nous possédons dans notre galerie, pour la plupart récoltés en place par nous, de dresser un inventaire détaillé et raisonné, aussi complet que possible pour le moment, des richesses minérales de notre contrée.

Le catalogue, établi en 1866 par M. D'Ault-Dumesnil, est présentement épuisé. Depuis ces dix-sept années écoulées, des additions nombreuses sont devenues nécessaires.

Quant à la méthode de classification, c'est toujours la même, celle adoptée dans notre établissement le plus important de

France, l'École des Mines ; c'est aussi celle suivie dans notre galerie.

Nous avons noté, pour chaque espèce décrite, les Nos des salles et des vitrines où se trouvent les échantillons-types, chose utile pour l'étude, nos collections étant visibles pour toutes les personnes qui s'intéressent à cette branche des sciences naturelles, ainsi que cela a lieu à l'étranger pour les grandes collections et les musées particuliers.

A chaque article, après le nom de la substance, nous donnons la synonymie en langues allemande et anglaise, puis l'indication des caractères distinctifs de l'espèce, sa forme cristalline et sa formule, renvoyant, pour plus amples informations, aux ouvrages particuliers plus étendus sur la question.

A la fin de chaque article, nous citerons les associations remarquables, ainsi que quelques gisements les plus connus en France ou à l'étranger.

Notre but, en réunissant ces notes descriptives des substances minérales du Morbihan est, non de traiter *ex professo* ces matières, mais de mettre sous les yeux des personnes qui s'adonnent à des recherches de toutes natures, soit d'archéologie, si elles veulent se rendre compte des débris anciens qu'elles rencontrent, soit toutes les autres études comme la géologie, etc., de reconnaître, par l'élimination des caractères distinctifs d'un spécimen, s'il ne serait pas déjà décrit ; car tout est loin d'être encore connu dans notre département.

Un remarquable petit livre, qui est la description d'une contrée de l'Auvergne fort riche en substances variées et très intéressantes, nous a servi de type : c'est la minéralogie du département du Puy-de-Dôme, publiée en 1876 par M. l'ingénieur Gonnard. Il serait à désirer que l'exemple donné par notre éminent collègue de la société de Minéralogie de

France, fut suivi par d'autres naturalistes. A l'aide de semblables séries de notices, les richesses minérales de notre pays seraient mieux connues que par certaines cartes émanant de sources officielles et d'une exactitude douteuse au sujet de bien des gisements et de leur nature (1).

Avant d'entrer en matière, nous tenons à dire que nous devons la plus grande reconnaissance à M. l'abbé Guyonvarch, dont le nom est si souvent cité dans les pages de ce Catalogue et dont les explorations pénibles, souvent dangereuses, au milieu des gigantesques blocs éboulés des falaises de l'île de Groix, ont fait reconnaître en place nombre de minéraux rares ou encore inédits dans le sol du Morbihan et même de la France.

Dans une autre étude du règne inorganique de notre Morbihan, nous nous proposons d'examiner les roches, la géologie et les fossiles de son sol.

Mais avant toutes choses, sa minéralogie. Dans la pensée qu'il est plus rationnel de procéder avec méthode ; de considérer en premier et de faire connaissance avec les éléments isolés, avant de les trouver réunis ou groupés sous forme de roches.

Pour ne pas imiter une personne qui prétendrait faire des hautes mathémathiques dans l'ignorance des chiffres et de l'arithmétique.

Les roches, quelle que puisse être leur composition et leur nature, soit en couches minces ou en puissantes assises, en filons ou en dickes, etc., etc..., aux différents étages de la croûte terrestre, ne peuvent être distinguées dans la majorité des circonstances, sans quelques connaissances minéralogiques

---

(1) Il faut aussi citer M. Rames : *Géologie du Cantal* et sa magnifique carte; M. le Rév[d] Pasteur Frossard : *Guide du géologue dans les Pyrénées centrales*, etc., etc.

au point de vue si important de leur composition ; et souvent c'est une date.

Car les roches, les pierres ou les cailloux, ainsi que le vulgaire les nomme, sont tout aussi bien les pièces justificatives de l'histoire de la terre, que ces petits disques en métal que l'on considère avec tant d'intérêt dans les collections de numismatique, comme étant les derniers témoins de l'existence de peuples depuis longtemps oubliés dans la nuit des siècles passés.

Les minéraux, les roches et les fossiles sont aussi eux des médailles frappées au coin des révolutions du globe.

CATALOGUE RAISONNÉ

DES

MINÉRAUX DU MORBIHAN.

PREMIÈRE CLASSE.

FAMILLE DES SILICIDES.

QUARTZ OU OXYDE DE SILICIUM.

Les corps simples qui appartiennent à cette première classe forment un des principes essentiels des minéraux composés.

QUARTZ HYALIN.

Quartz hyalin, synonimie, **Berg Krystal, Montain or Rock-Crystal, etc.**

Rhomboèdre obtus de 94° 5', difficilement clivable, cassure vitreuse et concoïdale. Dureté, rayant le verre, étincelle au briquet. Sans addition, infusible au chalumeau, inattaquable aux acides, doué de la polarisation rotatoire. Formule *Si*.

Forme cristalline ordinaire. Prisme hexagonal coiffé d'une pyramide à base hexagonale. Souvent les faces $\frac{1}{e_2}$ sont plus ou moins réduites, de même que deux des faces du prisme hexagonal sont parfois fortement aplaties. (Voir prismée comprimée.)

C'est à la présence d'une très petite quantité d'oxydes métalliques ou de matières étrangères, que sont dues les diverses couleurs que l'on observe dans le quartz. Il fait partie intégrante des *granites*, des *gneiss*, etc., ainsi que d'un grand nombre de roches des terrains métamorphiques et sédimentaires. Ses grains agglutinés forment des montagnes entières : ce sont les grès.

1. *Quartz hyalin* prismé bipyramidé (cristal complet), Saint-Avé.
2. Cristallisé translucide, Saint-Avé.
3. — un peu enfumé, Saint-Martin.

4. Cristallisé en cristaux groupés, Saint-Gravé.
5. — bisalterne transparent, grands cristaux, la Villeder.
6. — translucide gris, la Villeder.
7. — translucide, transparent, Saint-Gravé.
8. — comprimé. Cristallisé, tabulaire (rare), la Villeder.

Quelques cristaux, bien complets, représenteraient, à un premier coup d'œil superficiel, l'apparence de gigantesques cristaux de tridymite. (Voir notre note sur la mine de la Villeder.)

9. Quartz hyalin cristallisé prismé *convexe* (rare), voir la figure 11 du traité de Nauman (éléments de minéralogie), la Villeder.

10. — grands cristaux groupés, translucides, bisalternes, Pormabon.

11. — cristaux de la variété convexe très aplatis, presque devenus laminiformes. Cette même variété se trouve aussi à la mine d'étain de Zinwald, en Saxe, où elle est souvent recouverte de cristaux de schéelin calcaire (Voir notre galerie, salle N° 2), la Villeder.

12. — laminiforme translucide pétrie de petits cristaux d'étain, la Villeder.

13. — cristaux groupés en bourgeons, Saint-Avé.

Accidents de couleurs.

14. — cristallisé enfumé, en très grands cristaux, remarquables par ce phénomène cristallographique ; une des pointes est très nettement terminée et présente la forme bisalterne. A l'autre extrémité une des faces prend une extension considérable, et le cristal se montre avec la forme en bec de clarinette, si caractéristique des cristaux de l'Isère. La pointe en bec est rarement enfumée, la Villeder.

15. — cristallisé, enfumé, en très grands cristaux, mêmes phénomènes que le N° 14, mais recouvert d'un enduit épais de calcédoine. (Voir un grand cristal de cette variété prismée ayant 22 centimètres de long sur 8 d'épaisseur. Vitrine 14, salle 6.)

16. — cristallisé, pyramidé, coloré en rose par un peu de fer, Saint-Avé.

17. Quartz hyalin cristallisé, pyramidé, coloré en rouge par une couche de quartz couleur de cornaline, Saint-Avé.

18. — cristallin violet, Melrand.

19. — cristallisé d'un beau jaune, par suite d'un enduit de fer oxydé, la Villeder.

20. — cristallisé, recouvert d'un enduit épais de fer peroxydé (hématite rouge), Saint-Avé.

21. — en petits cristaux jaunes dans un quartz drusique, Luscannen.

22. — grenu concrétionné, recouvert de petits cristaux, Luscannen.

Accidents cristallins et cristallisation confuse.

23. — radié, en belles rosettes. Cette jolie variété en boules radiées se trouve à Belle-Ile-en-Mer ; on la connaît aussi, mais moins bien déterminée, aux environs d'Angers.

24. — quartz grenu massif en partie et carié : sur divers points du Morbihan.

QUARTZ HYALIN FÉTIDE.

Cette curieuse variété de l'espèce du quartz, remarquable par sa fragilité et l'odeur fétide que le choc ou la cassure développe, est assez peu commune. Ce quartz a été signalé pour la première fois par M. Alluaud à Chanteloube (Haute-Vienne), puis par M. Bigot de Morogues aux environs de Nantes. Dans le premier de ces gisements, le quartz fétide accompagne l'émeraude tout comme à la Villeder. Dans le second, il est parfois, mais rarement, accompagné de fer arsenical.

L'odeur caractéristique d'hydrogène sulfuré qui se manifeste au moindre choc, paraîtrait, ainsi que sa fragilité, la conséquence de millions de bulles microscopiques remplies d'inclusions (1).

Ce quartz semblerait être le compagnon fidèle de l'émeraude et du fer arsenical, de l'étain oxydé, etc., etc. ; en résumé, des espèces qui se montrent surtout dans les gîtes stannifères.

---

(1) Voir la note A, appendice, à la fin du volume.

25. Quartz fétide amorphe, translucide, massif. Filons stannifères de la Villeder.

26. — amorphe, avec druses cristallines ; ces druses souvent occupées par des émeraudes ou des cristaux de mica, la Villeder.

27. — amorphe avec émeraudes en voie de kaolinisation, la Villeder.

28. — amorphe avec loges vides d'émeraudes disparues, la Villeder.

29. — amorphe avec fer arsenical, la Villeder.

30. — amorphe avec émeraudes bleuâtres et zinc sulfuré, la Villeder.

31. — amorphe avec émeraudes cristallisées blanches, noyées dans l'étain oxydé. Ces spécimens feraient peut-être bien supposer que l'étain serait un dépôt postérieur à la formation des émeraudes. Filons stannifères de la Villeder.

32. — cristallisé pénétré de fines aiguilles de tourmalines, la Villeder.

LES QUARTZ PSEUDOMORPHIQUES.

On rencontre dans le Morbihan, dans certaines localités que nous indiquerons plus bas, le quartz sous une forme cristalline absolument incompatible avec le rhomboèdre. Ce sont ou des octaèdres réguliers ou des octaèdres émarginés. Il est facile de reconnaître des pseudomorphoses de la chaux fluatée cristallisée. Ces curieux spécimens ont été signalés pour la première fois par feu M. Galles, minéralogiste distingué qui, le premier, avait exploré notre département.

33. Quartz pseudomorphique cristallisé. Octaèdre dans un quartz grossier, Luscannen.

34. — en gros cristaux d'une netteté parfaite, Botcouar, près Vannes.

35. — en gros cristaux octaèdre émarginés, Luscannen.

36. — en petits cristaux octaèdres, encroûtés de calcédoine, Luscannen.

37. — modelé en lames de mica hexagonal empilées avec feldspath oligoklas, Saint-Allouestre.

QUARTZ AGATE.

Le quartz agate est un mélange, ou pour être plus exact, un magma de quartz avec un peu d'argile, d'oxydes de natures diverses, etc. ; cela seul, de la présence d'une très minime somme de matières étrangères, suffit pour troubler l'action d'établissement des forces cristallines ; aussi, on ne connaît nulle part encore d'agate en cristaux. Les spécimens cités jusqu'à ce jour, ne sont que des pseudomorphes d'autres substances. L'agate se montre en masses botryoïdes, réniformes et stalactitiques, etc., quelquefois coralloïdes. Blanche elle s'appelle *calcédoine*, brune *sardoine*, etc., rouge *cornaline*. L'agate se montre souvent avec des couches régulières alternatives, tranchées, ayant une disposition stratifiée autour d'un centre vide ou rempli de quartz cristallisé : *c'est l'agate onix*, etc.

Caractères : cassure cireuse, inattaquable aux acides, étincelle au briquet, rayant fortement le verre, etc.

38. Quartz agate calcédoine, en concrétions coralloïdes sur un quartz grossier des anciens filons plombifères de Saint-Maudez.

39. — en concrétions stalagmitiques, Saint-Maudez.

40. — en concrétions stalagmitiques et coralloïdes très fines, avec un peu de plomb sulfuré, S.-Maudez.

41. — en concrétions mamelonnées blanches, opaques et d'aspect un peu terreux (agathe cacholong), Saint-Maudez.

42. — en enduit concrétionné sur des cristaux de quartz blanc fétide. Filons stannifères de la Villeder.

43. — en enduit très grossier, recouvrant des cristaux de quartz comprimés d'un beau volume parfaitement terminés aux deux extrémités et groupés, Saint-Gravé.

44. — en enduit et encapuchonnant des cristaux de quartz hyalin violâtres, Saint-Gravé.

45. — en enduit très fin et peu épais, recouvrant des cristaux de quartz fétide sans altérer en rien leur forme prismée bisalterne. Joli spécimen. Filons stannifères de la Villeder.

46. — concrétionné botryoïde, la Villeder.

47. — amorphe massif, environs de Theix.

48. Quartz agate amorphe massif grossier en filons (1), Moustoir, près Billiers.

49. — amorphe massif en filons *(sardoine)*, Moustoir, près Billiers.

On trouve souvent en fragments roulés sur les landes des environs de Vannes, des agates variées par des accidents de couleur, à pâte assez fine. Nous nous contenterons de le mentionner, ne les connaissant pas en place.

QUARTZ JASPE.

Le quartz jaspe se distingue du quartz agate par sa cassure qui est toujours terne, terreuse, et aussi par une opacité complète même en esquilles assez minces. Les autres caractères sont les mêmes.

50. Quartz jaspe à cassure terreuse un peu translucide, environs de Theix.

51. — brun avec un peu de fer carburé, environs de Kergonnano, en Baden.

52. — rouge, roulé à la surface des landes, environs de Vannes.

Ainsi que pour les fragments de jaspe épars à la surface des landes, il n'est pas rare de rencontrer aussi des fragments de quartz résinite plus ou moins luisant. N'ayant encore jamais reconnu le quartz résinite en *place*, nous nous contentons de cette note.

Addition au Quartz.

QUARTZ MÉTAMORPHIQUE OU QUARTZ GRENU.

QUARTZ AVANTURINÉ.

On rencontre aussi épars à la surface de nos landes, mélangés avec des fragments de quartz jaspe ou résinite, une jolie variété de quartz brun marron, grenue, vitreuse, également en fragments roulés. C'est

(1) Ce quartz forme souvent des filons en Bretagne, au Huelgoat, à Scheeberg en Saxe, à Schemnitz, en Hongrie, etc... C'est le hornstein infusible de Werner.

une agglomération de petits grains de quartz vitreux qui, sur ce fond, réfléchissent la lumière dans tous les sens : c'est *le quartz avanturiné*, assez rare; quand l'échantillon est bien choisi, il est employé en bijoux ayant une certaine valeur. Haüy indique le quartz avanturiné aux environs de Nantes; les plus belles avanturines viennent de l'Espagne.

Les autres variétés du quartz grenu sembleraient n'avoir été, à l'origine, que des grès quartzeux, à demi fondus ou simplement coagulés ensuite par l'action métamorphique. Dans certaines druses qui ont l'apparence d'avoir pour origine un effet de retrait, on voit le quartz hyalin en petits cristaux ou disséminé dans la masse avec des aiguilles de tourmaline, des lames de mica, des lamelles de graphite, etc.

53. Quartz hyalin avanturiné en fragments roulés sur les landes du Morbihan.

54. — grenu, cristallin, massif, sur un grand nombre de points du département.

55. — grenu, cristallin, cloisonné, environs de Questembert.

56. — grenu, noir, cristallin, environs d'Elven.

57. — grenu, cristallin, blanc, environs d'Elven.

58. — grenu, cristallin, rouge, landes de Luscannen.

59. — grenu, stratiforme, environs du Vincin.

Gisements du Quartz hyalin.

Les plus beaux cristaux, ou groupes de quartz hyalin, se trouvent dans les druses des roches cristallines de la Suisse, du Dauphiné, du Tyrol, de Madagascar, du Brésil, etc.; les belles améthystes du Brésil, de Sibérie, de Hongrie ; la calcédoine en Cornouailles, en Écosse, en Irlande, etc. Les agates forment des rognons amygdaloïdes dont les plus remarquables en Europe sont celles d'Oberstein ; les géodes formées par ces rognons sont souvent tapissées de beaux cristaux de chaux carbonatée ou de zéolithes. (Voir salle N° 2, pour plus amples études, les 469 spécimens de la galerie, vitrines 49, 50, 51 et 52.)

DEUXIÈME CLASSE.

LES SELS ALKALINS OU ALCALINS.

Cette classe n'est représentée par aucune espèce dans le Morbihan.

TROISIÈME CLASSE.

LES TERRES ALCALINES ET LES TERRES.

Aspect pierreux généralement incolore ou d'un blanc laiteux, peu dures, sauf quelques exceptions (*les spinelles et les corindons*), les autres espèces ne rayant pas le verre.

Pour le plus grand nombre infusibles au chalumeau, et aucune d'entre elles ne se laisse réduire par son action.

CHAUX.

CHAUX CARBONATÉE.

Chaux Carbonatée calcite... Späthiger Kalkstein ; Calcareous-Spar, etc.

Rhomboèdre de 105° 15'. Clivages parfaits sur les faces *P* du rhomboèdre. Par suite de l'extrême facilité des clivages, il est assez difficile de remarquer la cassure en dehors des faces *P*, et, si elles présentent un caractère particulier, éclat quelquefois nacré. Incolore sauf la présence de matières étrangères, infusible au chalumeau, mais elle brille d'un vif éclat à son action, *c'est la lumière dite de Drummond*, attaquable par tous les acides et rayée par une pointe d'acier. Sa formule est

$$\dot{C}a\ \ddot{C}.$$

Très répandue dans la nature, sous les formes les plus variées (1).

(1) Les seules formes cristallines régulières connues et décrites, dépassent plusieurs centaines.

60. Chaux carbonatée lamello-granulaire blanche, en petits nids lenticulaires dans un diorite, Billiers.

61. — lamello-granulaire blanche, en petits nids lenticulaires dans un diorite, île de Groix.

62. — stalactiforme, accidentellement produite par infiltrations calcaires, dans les voûtes des murailles de l'ancienne préfecture aujourd'hui démolie.

Ce n'est donc, en quelque sorte, que pour mémoire que nous citons ces trois spécimens à titre presque de curiosité minéralogique pour le Morbihan.

DOLOMIE.

Bitterspath des Allemands. Compound spar des Anglais.

Cristallise en rhomboèdre très voisin de celui de la chaux carbonatée : 106° 15'. La surface des cristaux est souvent ondulée et contournée ; éclat vitreux très fréquemment perlé, incolore, blanche, légèrement colorée, infusible; mais un caractère spécial c'est son effervescence qui est presque nulle dans l'acide chlorhydrique à froid, un peu plus dure que la chaux carbonatée.

$$\text{Formule : } \dot{C}a\,\ddot{C} + \dot{M}g\,\ddot{C}.$$

63. Dolomie granulaire saccharoïde, Le Moustoir, près Billiers.

64. — avec amphibole blanc (trémolite), Le Moustoir, près Billiers.

La Dolomie se montre dans deux conditions absolument différentes : 1° dans les terrains en contact ou dans le voisinage des roches pyrogènes ; 2° dans les formations absolument sédimentaires. Alors, en premières circonstances, elle renferme souvent du mica, de l'amphibole, etc. ; elle forme des masses puissantes au Saint-Gothard avec amphibole trémolite, à Traversella en Piémont, à Guanaxuato au Mexique, en Algérie, etc. Comme roche sédimentaire on la connaît en France : dans le Lot, l'Aveyron, etc. ; on la connaît au Vésuve à l'état compacte, etc. (Voir notre galerie salle 2, vitrine 57, et salle 6, vitrine 18.)

(Cette salle N° 6 est uniquement occupée par les échantillons du Morbihan.)

CHAUX FLUATÉE.

La Chaux fluatée. Flusspath des Allemands. Fluor, etc.

La Chaux fluatée cristallise en cube. La dureté de ce minéral est quelque peu plus forte que celle de la chaux carbonatée. En poudre, dans l'acide sulfurique, il se dégage une vapeur qui corrode le verre. Elle possède trois clivages parfaits qui conduisent à l'octaèdre. Au chalumeau elle décrépite et perd son éclat.

Formule : Ca, *Fl*.

C'est M. D'Ault-Dumesnil qui, le premier, a signalé cette substance dans le Morbihan, en place à Caden, près de Malansac. Depuis cette époque, elle a été aussi rencontrée près de Botcouarh en filons, lamellaires verdâtres dans une carrière exploitée, pour l'empierrement des routes, par M. Le Pleinier, alors conducteur des ponts et chaussées.

65. Chaux fluatée octaèdre violette, en cristaux isolés, Caden.
66. — verte, en cristaux isolés, Caden.
67. — verte et violette granulaire dans le quartz, Caden.
68. — lamellaire verdâtre, massive, Botcouarh.
69. — lamellaire et granulaire violette, Botcouarh.

La chaux fluatée est une substance essentiellement de filons. Elle existe en très grands cristaux octaèdres, en Auvergne (Roche-Cornet), cristaux verts et violets; en gros cubes violets dans le comté de Derby (Angleterre), à Freyberg, à Oberberghem, Oberrhein, à Altemberg en Saxe, etc.; à l'état lamellaire à Gyromagny dans les Vosges; rose au Saint-Gothard, etc., etc. (Voir, pour plus ample étude, les 58 spécimens étrangers dans la galerie générale salle N° 2, vitrines N°s 57 et 65.)

CHAUX PHOSPHATÉE.

Chaux phosphatée. Apatit, calx combined with the phosphoric acid, etc.

La Chaux phosphatée est le plus souvent cristallisée. C'est la plus dure des substances calcaires; sa forme dominante est le prisme hexagonal régulier, souvent avec de nombreuses facettes; cassure inégale, luisante et grenue; difficilement fusible au chalumeau et soluble dans les acides. Incolore, blanche, bleue, jaune verdâtre, vert d'asperge, vert olive, etc. Très phosphorescente sur une pelle au rouge noir après avoir été pulvérisée.

$$\text{Sa formule est } 3\ \mathrm{Ca}^3 + \left\{ \begin{matrix} Cl \\ Fl \end{matrix} \right\} \mathrm{Ca}$$

70. Chaux phosphatée prismée hexagonale (bleuâtre), pointe de Kerboulard.

71. — prismée hexagonale sur une protogyne, pointe de Kerboulard.

72. — prismée en cristaux confus sur une protogyne, pointe de Kerboulard.

73. — prismée annulaire sur une protogyne, pointe de Kerboulard.

74. — granulaire violâtre, pointe de Kerboulard.

75. — granulaire grisâtre, pointe de Kerboulard.

76. — verte granulaire dans un greisen, Pluméliau.

77. — dans un greisen, environs de Baud.

78. — en petites nodules dans un filon de mica noir lamellaire, ancienne carrière près du moulin de Limoges, près Vannes.

79. — ganuliforme verte dans un greisen très micacé avec de beaux grenats émarginés rouges (almandins), Péaule, près Muzillac.

80. — en petits grains verdâtres dans un granit avec feldspath mikrokline, environs de Port-Louis.

81. — terreuse dans un mica noir en filons, près de l'usine à gaz, entrée du port de Vannes.

C'est encore aux patientes investigations du savant feu M. Galles, que nous devons la connaissance de la chaux phosphatée cristallisée de Kerboulard. Depuis sa découverte, nous avons reconnu la même substance à Pluméliau et à Péaule ; elle est assez rare en Bretagne. Cependant notre collègue de la Société de minéralogie de France à Nantes, M. Barret, l'a signalée en jolis prismes dans les druses d'un granite au Port-Saint-Père, près de cette ville.

La chaux phosphatée appartient aux terrains de cristallisation. On peut la voir bien cristallisée dans notre galerie ; du Val-Prévot au Saint-Gothard (variété *quadratifère*), prismée *annulaire* bleu-verdâtre de Burgess (Canada), prismée *dodécaèdre annulaire* sur une dolomie du Tyrol, dodécaèdre *annulaire* d'Ehrenfriedersdorff en Saxe, pyramidée en grands cristaux de Snarum en Norwège, etc.; enfin, pour étude de toutes les variétés, les 63 spécimens étrangers à la Bretagne, salle No 2, vitrines Nos 59 et 65.

CHAUX TITANIFÈRE (?).

Chaux titanifère. Titanomorphite du professeur von Lasaulx.

Nous avons placé *provisoirement*, à cet ordre et sous la désignation du Titanomorphite, un minéral jaune de beurre, nettement clivable vers environ 134°, difficilement fusible, qui se trouve disséminé dans des roches métamorphiques; chlorito-schiste et mica-schiste avec d'autres substances éminemment titanifères; *Sphène*, fer oxydulé titanifère, ruthile, etc., etc., à l'île de Groix.

Cette substance est encore pour le moment imparfaitement connue, et il n'en existe pas d'analyse chimique.

Si c'est bien un titanate de chaux, sa place serait dans l'ordre de classification voisine d'un autre titanate de chaux, la Pérowskite, rare substance qui n'est citée que dans l'Oural, dans l'Arkansas aux États-Unis, et par rares aventures dans les blocs des moraines de Zermatt en Suisse. (Voir pour la Perowskite de ces divers gisements, notre galerie salle No 2, armoire 58, et aussi le titanomorphite de M. von Lasaulx.

En premier lieu, nous avions considéré cette substance qui se montre disséminée dans les roches que nous venons de désigner plus haut, comme un sphène, et nous l'avions confondue avec lui dans la notice sur quelques minéraux de l'île de Groix, communiquée à la Société polymathique, en 1879. (Voir le bulletin, 1er semestre).

A la suite d'examens plus attentifs sur des échantillons mieux déterminés et plus complets, des doutes nous ont été suscités par suite de la connaissance de la nouvelle espèce, *titanomorphite* de Lampsdorff en Silésie, dont nous devons un spécimen à M. von Lasaulx lui-même.

C'est alors que nous avons observé, en pratiquant de nombreux essais, des différences qui sembleraient peut-être éloigner le minéral de Groix des Sphènes qui, cependant, se trouvent aussi dans les mêmes roches (1).

Le nouveau minéral décrit par M. von Lasaulx ayant, par suite de sa composition, la formule

$(Ti\ O^2 + Ca\ O)$, $T\ O^2 = 74{,}32$. $Ca\ O\ 25{,}57 = 99{,}49$. *Titanomorphite.*

La pérowskite $Ca\ \dot{T}$ *acide titanique* 59,12, *chaux* 40,88,

(1) Nous ne prétendons, en plaçant ainsi ce minéral, rien affirmer de positif (voir la note B à la fin du volume).

nous avons placé dans notre galerie les pérowskites de l'Arkansas, de l'Oural et de Zermatt près des titanomorphites de Lampsdorff et de Groix.

ALUMINE (OXIDE D'ALUMINIUM).

CORINDON.

Corindon, Korund, Adamantine spar. (Télésie des anciens traités de minéralogie.)

Le corindon cristallise dans le système rhomboédrique. Son caractère le plus important est sa dureté considérable. A l'exception du diamant, il est le corps le plus dur de tous, rayant tous les autres. Infusible au chalumeau, il est en outre inattaquable aux acides ; formé d'alumine pure, sa formule est $\ddot{A}l$. Les cristaux sont tantôt incolores, tantôt colorés en bleu ou en rouge de teintes plus ou moins intenses.

32. Corindon granuliforme bleu (*saphir*) en très petits grains, avec zircon, quartz, fer titané, etc., et grains de sables stannifères et quelques lamelles d'or natif. Sables stannifères de Pénestin.

Ces curieux sables forment un banc, de la pointe de Pénestin aux roches dites les *Demoiselles*. Ils semblent être rejetés sur le rivage par les courants.

Le corindon appartient aux montagnes de formations cristallines : on le connaît en cristaux, dans le granite en Chine, au Malabar, dans le schiste micacé et avec le fer oxydulé en Suède, dans les monts Ourals, le Piémont, le Saint-Gothard, où il se montre dans une dolomie granulaire.

On le connaît aussi dans les roches Pyrogènes, par exemple les Basaltes des bords du Rhin, etc.

On le récolte aussi dans les terrains d'alluvions, au Pégu, à Ceylan, à Expailly, en France, etc. (Voir les spécimens de l'espèce corindon dans notre galerie, salle 2, vitrine 58, au nombre de 43, de tous les pays et de toutes les variétés.)

SPINELLE (ALUMINE MAGNÉSIÉE).

Rubis Spinelle. Spinel, Spinell et Balass Rubies, etc. (rubis balais).

Formes cristallines, le cube, mais toujours en octaèdres plus ou moins modifiés. Cassure vitreuse, inégale et conchoïdale; éclat vitreux, rose, rouge, bleu, noir, etc. Ceux d'Aker, en Sudermanie, sont gris de lin. La dureté du spinelle ne le cède qu'au corindon, rayant le quartz avec facilité ; infusible au chalumeau, absolument inattaquable aux acides.

$$\text{Formule} = \dot{M}g, \dot{F}e.$$

83. Spinelle granuliforme, rose, en tout petits grains roses, mélangés à d'autres grains de quartz, de zircons, etc., côtes de l'île de Groix. Les spinelles rouges et roses appartiennent aux terrains cristallins, granitiques, etc., les autres aux roches métamorphiques. Les cristaux sont surtout abondants dans les sables qui proviennent de la destruction de ces roches.

Le spinelle noir se trouve aussi dans les roches de la Somma, à Warwick et Amity, près New-York. (Voir les spécimens de spinelles étrangers à la Bretagne, conservés dans notre galerie, salle N° 2, vitrine N° 60, qui sont au nombre de 28.

QUATRIÈME CLASSE.

LES MÉTAUX.

Dans cette classe on doit observer deux divisions tranchées nettement, surtout comme aspect.

La première contient les métaux natifs et les combinaisons d'autres métaux entre eux à l'état métallique.

La seconde, les métaux avec l'oxygène ou des acides.

FER NATIF.

Le fer, à l'état natif dans l'écorce du globe, n'est pas encore chose absolument démontrée. Il est vrai que depuis quelques années il en a été reconnu des masses d'une certaine importance par M. Nordenskjold, à Ovifack (1), dans l'île Disco, au Groënland. En premier, « tout le monde s'accorda à y voir des météorites; mais, plus tard, les » opinions se sont fort partagées et les conditions de gisement; l'état » des blocs de ce fer qui se trouvent *empâtés* dans la masse même d'un » filon de *Basalte,* qui a dû les prendre alors qu'ils étaient en pleine » fusion; ces conditions conduisent à faire reconnaître que le fer » d'Ovifack provient des régions profondes du globe, etc. (2) » Cependant la question ne semblerait pas encore établie d'une manière bien certaine. Des savants très autorisés pensent que ce fer serait peut-être bien tout simplement des masses de fer oxydulé, accidentellement désoxydées au contact du basalte en ignition et les ayant empâtées, etc. Dans plusieurs localités on trouve du fer métallique enclavé dans des couches de roches pyrogènes ou altérées, par exemple par la combustion des houillières, à la Bouiche (Allier), à Salle (Aveyron), etc. Ici, le fer a été revivifié par une action analogue à ce qui se passe journellement dans nos hauts fourneaux.

---

(1) Voir la note *Comptes-rendus de l'académie des sciences* du 8 janvier 1877, au sujet du fer natif d'Ovifack.

(2) *Idem.* *Idem.*

Le fer à l'état métallique ou natif existe dans toutes autres conditions. Celles-ci, beaucoup plus curieuses, nous voulons parler du fer natif *météorique*.

Les météorites forment des masses plus ou moins volumineuses, avec des angles émoussés et arrondis, recouvertes d'une croûte noire, comme vernie ou fondue. Sur celle que nous allons décrire plus loin, qui est tombée à Cléguérec le 22 mai 1869, à dix heures du soir, on voit la croûte noire ridée et saillante en très faibles bourrelets.

Sous l'action de la lime, on voit apparaître *des petits grains de fer métallique* qui étaient recouverts et masqués par les saillies de cette croûte.

M. Daubrée, le savant directeur de l'école des mines, dans une étude du plus haut intérêt sur les météorites, établit la classification suivante :

1. Sidérites. Météorites renfermant du fer à l'état *métallique*.	Ne renfermant pas de matières *pierreuses*.	....	**1. Holosidères.**
	Contenant à la fois du fer et des matières *pierreuses*.	Le fer se présente sous la forme d'une masse continue.	**2. Sissidères.**
		Le fer se présente en grains... *disséminés*.	**3. Sporadosidères.**
2. Assidérites Météorites ne renfermant pas de fer à l'état métallique.	....		**4. Assidères.**

« Il résulte de plusieurs centaines d'analyses, dues aux chimistes » les plus éminents, que les météorites n'ont présenté aucun corps » simple étranger à notre globe. » (M. Daubrée, les *Météorites*, p. 119. *Rapport sur les progrès de la géologie expérimentale, 1878.*)

MÉTÉORITE.

Nous renvoyons à la note (B) le résumé de notre rapport à l'Académie des sciences. (Voir le *Compte-rendu de l'Académie* pour plus de détails au sujet de la chute d'un bolide à Cléguérec.)

84. Météorite tombée à Cléguérec. Fragment avec sa croûte (*groupe des sporadosidères*) rapporté par nous de Cléguérec.

On peut étudier dans notre galerie, salle N° 3, vitrine N° 75, les météorites des chutes qui suivent et appartiennent, par leur composition, à divers groupes établis par M. Daubrée.

A — 1er GROUPE, LES HOSIDÈRES.

(Du fer ne renfermant pas de matières pierreuses.)

Fer natif météorique.

A — Fer natif météorique massif, montrant les dessins réguliers, connus sous le nom de *Figures de Widmanstaëtten*, du nom du savant qui, le premier, les a signalés. (A) Lexington Contry, Caroline (États-Unis). Ce spécimen, de la collection de M. Schepard, porte l'étiquette de la main du savant minéralogiste américain. Le point de la chute indiqué par lui est *Ruff's*, Mountain (États-Unis).

B — Fer natif météorique, montrant lui aussi les figures dites de *Widmanstaëtten*. Grand échantillon pesant 954 grammes. Localité de la chute, *Xiquipilco*, dans la vallée de *Talucca*, *Mexique*. Les faces opposées à la partie polie sont inégales et rugueuses.

C — Fer natif météorique, fragment d'une masse de fer tombée à Bayden, dans le Wiltschire (Angleterre), le 12 mai 1825.

B — 2e GROUPE, LES SISSIDÈRES.

(Le fer se présente sous la forme d'une masse continue.)

Fer natif météorique.

D — Fer natif météorique caverneux. On voit sur la face polie les figures, mais confuses, de *Widmanstaëtten*. Les vacuoles de ce fer sont remplies d'un silicate voisin du Péridot cristallin, entre Krasnojark et Sisim, dans la Sibérie méridionale.

E — **Fer natif météorique caverneux. Les loges sont lisses et comme** vernies ; quelques-unes contiennent ce même silicate déjà cité à la lettre D, Mt Kimir (Sibérie).

F — Fer natif météorique caverneux, comme carié, avec, enfermé dans une des loges, un cristal d'Olivine. Désert d'Atakama (Chili).

G — Petit spécimen de fer natif ramuleux, comme dentritique, Sibérie.

C — 3e GROUPE, LES SPORADOSIDÈRES.

(Le fer se présente en grains disséminés.)

1er SOUS-GROUPE.

Polysidères (le fer est en quantité considérable).

H — Météorite, avec fer natif disséminé, tombée en 1825 sur la propriété de la *Touanne,* près du bois de la Fontaine-Mung (Loiret).

I — Météorite, avec une partie de sa croûte, tombée le 9 juin 1827, à Saint-Amand (Loir-et-Cher).

J — Météorite tombée le 14 décembre 1807 (la masse pesait 426 livres), à Weston, Connecticut (États-Unis d'Amérique).

2e SOUS-GROUPE.

Oligosidères (la quantité de fer est faible).

K — Météorite, avec sa croûte, tombée le 14 mai 1831 dans la commune du Champlé, près Vouillé, aux environs de Poitiers. (Joint le certificat du conservateur du musée de Poitiers. (Les échantillons de cette météorite sont fort rares.)

L — Météorite, avec sa croûte, tombée à l'Aigle le 26 avril 1803 (devenue très rares). Étiquette de la main de M. Damour, donnée par lui à notre galerie.

M — Météorite tombée le 9 décembre 1858, près de Saint-Gaudens ; poids 50 kilogrammes ; vitesse, six fois celle d'un boulet de canon. Fragment donné par M. Petit, directeur de l'observatoire de Toulouse.

N — Météorites entières, avec leur croûte, grosseurs diverses, tombées le 30 janvier 1868 à Pultusk, en Pologne (sept heures du soir).

O — Petite météorite entière de la grosseur d'une noisette. Chute de Pultusk.

3e SOUS-GROUPE.

Les Cryptosidères (le fer est indiscernable à la vue).

P — Fragment de la météorite tombée à Mortille-Villeroi, près de Chanonville (Loiret), le 12 novembre 1810. (*Fragment de l'échantillon analysé par Vauquelin.*)

Q — Fragment de la météorite tombée à Montargis le 8 septembre 1841.

R — Fragment de la météorite tombée à Stannernn, en Moravie, le 22 mai 1808.

S — Fragment de la météorite alumineuse tombée le 15 juin 1821, à Juvinas (Ardèche).

T — Fragment de la météorite à base de silicate de magnésie et de pyroxène, masse tombée dans le département des Côtes-du-Nord, en 1876.

U — Météorite entière, avec sa croûte, feldspathique (*Anorthite*) et analogue à certaines laves de Thjorsa, en Islande, et aussi à celle tombée à Stannernn, en Moravie ; tombée le 3 février 1882 à Moos, en Transylvanie.

D — 4e GROUPE, LES ASSIDÈRES.

Météorites (ne renfermant pas de fer à l'etat métallique).

Les météorites charbonneuses dont on a pu recueillir des échantillons, se rapportent à quatre seulement et assez récentes : la première à Alais, en 1803 ; la seconde au cap de Bonne-Espérance, en 1838 ; la troisième à Kabba, en Hongrie, en 1857, et la quatrième à Orgueil (Tarn-et-Garonne) en 1864.

V — Fragment de la météorite d'Orgueil.

FER SULFURÉ.

Fer sulfuré, pyrite. Gemeiner schwefelkies. Iron pyrites, etc.

Le fer sulfuré cristallise dans le système cubique ; on le rencontre aussi très souvent sous la forme dominante de l'octaèdre où il présente les décroissements hémièdres du dodécaèdre pentagonal. Cassure inégale, éclat métallique, jaune d'or ou jaune de laiton, étincelle au briquet, aigre et cassant, poussière d'un gris verdâtre, sur le charbon donne des vapeurs d'acide sulfureux, attaquable par l'acide azotique.

Formule : $\ddot{F}e\ S^2$.

85. Fer sulfuré cubique, dans un schiste, Malestroit, Sérent, Guer, etc.

86. — cristallin dans le quartz, Rochefort-en-Terre.

87. — amorphe dans un quartz souillé d'oxyde de fer, Rochefort-en-Terre.

Le fer sulfuré est un des minéraux les plus répandus. Sa couleur jaune d'or induit souvent en erreur les personnes étrangères aux études minéralogiques, qui se figurent alors avoir trouvé une riche mine d'or. Que de fois nous avons été consulté en grand secret par ces dénicheurs de filons d'or, et bien souvent il nous ont fortement amusé avec le soin qu'ils mettent à déguiser ou cacher l'endroit de leur découverte. Le cuivre pyriteux est dans le même cas pour eux, mais ce dernier est fort rare dans le Morbihan.

Les plus beaux cristaux viennent de l'île d'Elbe, de la vallée de Brosso, en Piémont, de Traversella, d'un grand nombre d'autres localités. On rencontre le fer sulfuré dans des roches les plus diverses et presque à tous les étages. (Voir salle N° 2, armoire N° 75.)

FER ARSENICAL.

Fer arsenical. Arsenkies oder arsenopyrit. Mispickel, arsenical pyrites, etc.

Prisme droit rhomboïdal dont les bases ont leurs angles de 111° 18' et 68° 42'. Blanc d'étain, quelquefois se ternit après une longue exposition à l'air, éclat métallique, aigre et cassant, étincelle au briquet avec une odeur d'ail caractéristique de la présence de l'arsenic. Au chalumeau, le fer arsenical donne des vapeurs abondantes aussi avec une forte odeur d'ail. A la mine de la Villeder on peut récolter des spécimens bacillaires ou grossièrement fibreux et radiés. La formule du fer arsenical est

$$F\ S^2 + F\ As^2.$$

Dans le Morbihan, à la mine de la Villeder, ce minéral est souvent associé à l'émeraude et à l'étain oxydé, etc., dans le granite et le quartz fétide.

88. Fer arsenical *ditétraèdre* d'Haüy. Cristaux complets et isolés. Filons stannifères de la Villeder.

89. — *ditétraèdre* d'Haüy. Autre cristal plus grand. Filons stannifères de la Villeder.

90. — cristallisé *hemitrope*. Cristal isolé, la Villeder.

M. Dufrenoy, traité de minéralogie, volume 2, page 460 dit... « on
» trouve assez fréquemment, et notamment dans la mine de Sainte-
» Agnès, dans les Cornouailles, des cristaux maclés dans lesquels le
» plan d'hemitropie est parallèle à la modification a^1, cela se présente
» aussi assez souvent à la Villeder.

91. Fer arsenical en cristaux éclatants très nettement formés dans un mica blanc, lamellaire, la Villeder.

92. — cristallisé, gros cristaux éclatants, striés selon la longueur du prisme dans le mica blanc lamellaire, la Villeder.

93. — cristallisé en cristaux aplatis dans le sens de leur longueur, gris noirâtres et ternes, dans le quartz fétide, la Villeder.

94. — en cristaux confus avec mica sur un granite à gros grains, galerie de Piné, filons stannifères de la Villeder.

95. — cristallisé en petits cristaux confus sur le quartz fétide. Filons stannifères de la Villeder.

96. — cristallisé en gros cristaux grossièrement bacillaires, dans le quartz, la Villeder.

97. — cristallisé en gros cristaux striés selon la longueur du prisme, ternes et montrant comme un commencement d'altération, dans le quartz fétide, la Villeder.

98. — amorphe, massif, dans le quartz fétide, la Villeder.

99. — d'apparence bacillaire et amorphe passant par altération à la symplésite, dans le quartz fétide, la Villeder.

100. — passant à la symplésite avec étain oxydé, dans le quartz fétide, en filons dans le granite altéré, la Villeder.

Le fer arsenical est un minéral des terrains de cristallisation; il se trouve dans les serpentines en Bohême, et aussi dans les Gneiss, les talcs cholorites et dans le granite à Boston, États-Unis.... en Sibérie il accompagne le Béril. On le rencontre dans les veines des montagnes granitiques, c'est le compagnon fidèle de l'étain oxydé : on peut en voir des spécimens récoltés par nous dans les anciens débris de la mine d'étain de Piriac (Loire-Inférieure); il existe aussi à Chanteloube, près Limoges (Haute-Vienne), à l'état massif. Échantillon donné à notre galerie par feu M. Alluaud. Nous l'avons récolté au sommet du Pic d'Arbizon (Hautes-Pyrénées), où il accompagne du minerai de cuivre, dans de vieilles recherches abandonnées. On peut le voir fibreux dans une chaux carbonatée lamellaire, du Bannat de Témeswar, en Hongrie. Bien cristallisé sur le zinc sulfuré avec fer carbonaté, de Freyberg dans l'Himmelfurst. En grand cristaux groupés avec fer sulfuré pentagonal. Cristallisé avec de jolies aiguilles de quartz de Monté-del-Cano (Piémont). Avec chaux phosphatée et nacrite d'Ehrenfriedersdorff, en Saxe, etc., etc. (Voir notre galerie salle N° 3, vitrine N° 73.

FER OXYDULÉ.

Fer oxydulé ; Magneteisenstein. Common magnetic iron stone, etc.

Le fer oxydulé cristallise dans le système cubique, mais il se présente le plus souvent sous la forme d'octaèdre régulier ou de dodécaèdre rhomboïdal. Couleur noire, poussière grise-noire, éclat métallique, insoluble dans les acides azotiques ou chlorhydriques, fortement attirable au barreau aimanté, caractère qui ne laisse aucun doute possible sur la nature de la substance, en masses cristallines doué du magnétisme polaire. Alors c'est la pierre vulgairement nommée *(Pierre d'aimant)*.

Sa formule est = f, Fe^2 ou Fe Fe.

Sa couleur et son éclat, *sauf son action magnétique*, le ferait facilement confondre avec certaines autres substances ayant la même forme cristalline.

101. Fer oxydulé en octaèdres réguliers, cristaux isolés. Ile de Groix.

102. — en octaèdre noir, dans une roche de chlorito-schiste avec albite, dans des blocs éboulés de la falaise. Ile de Groix.

104. — en très petits cristaux, dans une roche chloriteuse. Ile de Groix.

105. — laminaire noir, fortement attirable, dans un mica brun lamellaire bronzé *(Biotite)*. Ce mica servant de gangue à l'Ilménite. Baie de Salins. Golfe du Morbihan.

106. — compacte, amorphe, noir, fortement magnétique, dans une roche feldspathique, en filons dans les diorites de la falaise de Billiers.

Le fer oxydulé appartient aux terrains de cristallisation et aux formations métamorphiques; il se montre en cristaux dans les schistes micacés, dans les schistes chloriteux, dans les calcaires métamorphiques, etc., etc. Le fer oxydulé forme de vastes amas, comme à l'île d'Elbe ou en Norwège, etc. On le rencontre aussi dans les sables et les alluvions; produits de la décomposition des roches voisines. En plus des spécimens cités en gisements dans le Morbihan, on peut voir dans notre galerie, salle N° 3, vitrine N° 75, le fer oxydulé, en grands cristaux octaèdres dans un schiste chloriteux de Falhun en Suède, en beaux cristaux dodécaèdres de Saint-Marcel en Piémont, ou en beaux octaèdres sur un schiste chloriteux du Valais et de la Corse, en octaèdre montrant les lames de décroissement conduisant au dodécaèdre rhomboïdal avec mica hexagonal, dans une roche volcanique; Somma, Vésuve *(rare)*. Envoi de feu le Cte de Reyneval, ambassadeur à Rome. Bien cristallisé en octaèdre, dans les roches métamorphiques, découvert par nous dans la chaux sulfatée, carrières de Sainte-Colombe, vallée de Lys (Basses-Pyrénées); dans un calcaire rouge lamellaire, Aste-Béon (Basses-Pyrénées); grano-lamellaire, massif, d'Essex County près New-York; granulaire, massif, Suède; lamellaire, brun, fortement attirable, vallée d'Ossau. Brun, amorphe, *polaire*, très puissant. *Foutadjalon*, bassin du Niger (Afrique centrale), *idem* des Cordillières. Fer oxydulé arénacé des îles du Cap vert, des Antilles, etc., en tout 70 échantillons compris ceux du Morbihan.

SOUS-VARIÉTÉ.

Fer oxydulé Titanifère.

On ne sait pas trop le rôle que l'acide titanique joue dans le fer oxydulé; ce minéral est souvent disséminé dans les schistes micacés en très petits cristaux octaèdres; la destruction de la roche donne un sable d'aspect métallique fortement attirable à l'aimant. Sa pesanteur le rassemble dans les ornières du terrain, nous en avons ainsi récolté beaucoup aux environs de Saint-Brieuc (Côtes-du-Nord), vers la vallée du Gouët.

107. Fer oxydulé titanifère arénacé. Ile de Groix.

107. bis — titanifère dans sa roche, en très petits grains. Cette roche est à la pointe de Pénestin, près Tréhudal.

Nous voici arrivés à une famille très difficile à reconnaître les uns des autres; car il ne s'agit ici que d'un plus ou moins d'acide titanique pour une même somme de fer. Nous rapportons ici l'ordre établi, dans le manuel de Minéralogie de Naumann et Zirkel, page 334.

In der Varr^t von Krageroë ünd Egersund......	$\frac{1}{9}$ moléc.	(Fe^2)	O^3
In der Varr^t von Miask (Ilménite)	$\frac{1}{6}$ —		—
In der Varr^t von der Iserwiese (Iserin)........	$\frac{1}{3}$ —		—
In der Varr^t von Litchfield (Washingtonite) ünd Tvedestrand..................................	1 —		—

In der Varr[t] von Eisenach.. .... 2 moléc. $(Fe^2)\ O^3$
In der Varr[t] von Aschaffenburg... .... 3 — —
In der Varr[t] von Snarum, ünd aus dem Binenthal................................. 4 — —
In der Varr[t] von Saint-Gothard. (sog. Eisenrose). 5 — —

Ces chiffres tendent à nous apprendre que les différentes variétés de *fer titané (Titaneisenerz des Allemands)*, *seraient le résultat* de sommes plus ou moins considérables d'acide titanique, que le titane oxydé, qui semblerait isomorphe du fer oxydé, ne fait nullement varier le système cristallin, tout comme une quantité quelconque de magnésie en remplacement d'une même somme de chaux, produit la dolomie; seulement, par suite de ce mélange, l'angle du rhomboèdre de la chaux carbonatée est de 105°,5' et celui de la dolomie 106°,5'.

GROUPE DES FERS TITANÉS.

Fers titanés, Titaneisnerz des Allemands.

Ce groupe comprend : la Chrictonite, l'Ilménite, la Washingtonite, etc., et correspondant à la formule générale

$$f,\ Ti^2.$$

Toutes ces substances cristallisent dans un même sytème le rhomboèdre sous l'angle de 61°,27'. Leur éclat est métallique pour quelques-unes, certaines ressemblent de fort près au fer oligiste *(Eisenrose)*. L'Ilménite est noire, l'Isérine *idem.*; toutes ces espèces donnent les réactions du fer et du titane, sur la coupelle avec le borax.

CHRICTONITE.

On donne le nom de Chrictonite à des cristaux ayant l'aspect du fer oligiste, mais presque noirs. Cassure conchoïde, éclatante, infusible au chalumeau. Sur la coupelle le baillif, à l'aide du borate, de soude donne un verre qui devient rouge en refroidissant, inattaquable par les acides.

$$\text{Formule} = f,\ Ti^2.$$

108. Chrictonite lamelleuse de M. Dufrenoy (fer oligiste titanifère de certains auteurs), en lames dans un feldspath blanc oligoclase. Ile de Groix.

109. — laminaire noire, dans une roche chloriteuse. Ile de Groix.

Présentement la Chrictonite n'est connue en place que dans l'Oisans (Dauphiné). On peut voir dans notre galerie des spécimens en tout semblables à ceux de l'Ile de Groix; la seule différence est la gangue, qui est un quartz au lieu d'être comme dans le Morbihan un feldspath olgoclase. (Voir la note C. à la fin de ce catalogue).

ILMÉNITE.

C'est encore un des Titaneisenerz des Allemands. C'est le fer oligiste axotome de Mohs. Suivant M. Dufrénoy (1),... « le nom d'Ilménite a été successivement appliqué à plusieurs minéraux. Il en résulte quelque difficulté..... »

« L'Ilménite est d'un noir de fer, sa poussière est également noire...
» elle n'est point magnétique, etc., etc... Brillants sur certaines faces,
» les cristaux d'Ilménite sont arrondis comme s'ils avaient éprouvé
» l'action du feu : disposition très marquée sur les cristaux isolés,
» elle l'est encore davantage pour les échantillons sur gangue, etc., etc.»

« En terminant la description de cette espèce, je crois utile de faire
» remarquer que l'acide titanique ne change ni la forme du fer oxy-
» dulé, ni celle du fer oligiste, en sorte que, sans l'absence de la pro-
» priété magnétique du fer titané et sans la différence de la poussière
» du fer oligiste et de l'ilménite, il n'y aurait pas de caractères de
» séparation entre les espèces titanifères et celles qui ne le sont pas... »

La formule de l'Ilménite, selon cet auteur, serait Fe Ti + 3 f, Ti.

Ce minéral provient des bords du lac Ilmen, près de Miask, dans l'Oural. Les premiers échantillons connus à Paris, ont été ceux envoyés à l'École des mines par le général Tschewkin, commandant du corps des ingénieurs des mines de Russie. De ce gisement du lac Ilmen est venu le nom d'Ilménite donné à cette substance. Le département du Morbihan est la seconde contrée où ce curieux minéral soit connu en spécimens importants (2).

Tout dernièrement, cette année même, M. le professeur von Lasaulx, conservateur du musée minéralogique de l'Université de Bonn (provinces rhénanes), auquel nous avions adressé une série d'une trentaine de spécimens de notre galerie, récoltés dans le golfe du Morbihan, a publié une étude sur les Titaneisenerz, et, entre autres, au sujet des

(1) Voir le traité de minéralogie de Dufrénoy, vol. 2, page 512 et 513.

(2) M. Sandberger nous a envoyé, pour notre galerie, un splendide spécimen d'une remarquable dolérite qui contient des lames noires d'un fer titané, qui vient de Schwarzenfels, sous le nom d'ilménite. Ces lames, comparées à celles de la chrictonite, de l'Oisans, sauf erreur de notre part, nous ont semblé bien voisines de celles du Dauphiné, si même elles ne seraient identiques, sauf la roche qui les contient.

spécimens des environs de Vannes. (*Ueber mikrosturtur optisches verhalten ünd umwandlung des Ruthil in Titaneisen*) dans le Zeitschrift für Krystallographie, t. VIII, § 1.

Le savant professeur considérerait l'Ilménite du Morbihan comme une substance de seconde formation, produite par le passage du titane oxydé, en fer titanifère, à la suite d'une action de pseudomorphisme. Nous sommes heureux de voir confirmer, par le savant conservateur du musée minéralogique de Bonn, une pensée qui nous avait été aussi suggérée par l'apparence d'un grand nombre d'échantillons. C'est aussi l'opinion de l'éminent professeur de Würzbourg, M. Sandberger (1) : « ... l'aspect remarquable de ces pseudomorphes me paraît aussi prouver qu'ils ont été ramollis mais point fondus. »

Nous n'entreprendrons de noter pour le moment que les échantillons bien déterminables de l'Ilménite du Morbihan, en remettant à l'article du titane oxydé les passages de ce minéral aux titaneisenerz.

108. Ilménite en prisme déformé, noir, isolé, baie de Conleau.

109. — montrant sous une forme arrondie, les traces de maclure géniculée d'un grand cristal, primitivement de titane oxydé. On voit un petit grain de quartz noyé dans la masse, baie de Conleau.

110. — cristal très arrondi, comme s'il avait subi une sorte de ramollissement extérieur. On voit à la surface l'empreinte des lamelles de mica dans lesquelles ce cristal était logé, baie de Salins, golfe du Morbihan.

111. — grand cristal, comme fondu, encore encroûté du mica brun de sa gangue, baie de Salins.

112. — très grand cristal (poids 57 grammes) isolé, comme fondu à la suite d'un ramollissement assez considérable pour avoir commencé à couler, avec un aspect extérieur de croûte scorifiée et noire, baie de Salins. (Des grains de quartz sont empâtés dans la masse.)

113. — amorphe, comme fondue, pétrie de grains de quartz disséminés dans la masse et de filons de même matière ayant à la loupe l'aspect scorifié, baie de Salins.

114. — noire. Spécimen montrant toutes les traces de fusion et paraissant avoir coulé, ayant la forme d'une larme batavique, baie de Salins.

115. — Spécimen d'apparence extérieure semblable, en larme batavique, encore encroûté de mica, baie de Séné, golfe du Morbihan. (Ce spécimen récolté par nous en 1882.)

---

(1) Lettre de M. le professeur Sandberger, Würzbourg, 30 octobre 1883.

116. Ilménite noire, arrondie, dans un granit fortement altéré. (Spécimen détaché par nous des roches de la falaise), baie de Salins.

117. — Spécimen grossièrement prismatique et arrondi, scié selon la ligne parallèle à la base, par M. von Lasaulx, dans le but d'en obtenir des lames minces destinées à l'examen microscopique.

Ces huit spécimens décrits ont fait partie de l'envoi des trente échantillons de ce minéral, adressés au professeur von Lasaulx, pour être examinés par lui à l'aide des moyens perfectionnés que possèdent les laboratoires des grandes universités.

FER OLIGISTE.

Péroxyde de fer ; Eisenglanz, Spécular iron ore (hématite rouge).

Le fer oligiste métalloïde est d'un gris d'acier sombre. Sa forme cristalline est le rhomboèdre obtus. Ce rhomboèdre porte souvent de nombreuses troncatures et se montre communément, surtout dans les roches volcaniques, réduit à l'état de lames minces, de là son surnom de fer spéculaire. Sa poussière est rouge ; pour obtenir cette couleur, il faut que la poussière soit très fine ; grossière, elle conserve son éclat métallique et reste grise. La formule du fer oligiste est $\dddot{F}$.

118. Fer oligiste écailleux, sur le quartz, Monteneuf.
119. — — St-Méen, près Ploërmel.
120. — rouge terreux, Rohan.
121. — globuliforme, Coatquidam.

Cet oxyde de fer se rencontre dans un grès blanc des environs de de Coatquidam. C'est le seul gisement important du département. Cependant on le trouve aussi disséminé sur d'autres points.

On peut voir, pour l'étude de cette espèce, trois sous-variétés conservées dans notre galerie et formant en tout un ensemble de :

1° Le fer oligiste métalloïde ;

2° Le fer oligiste concrétionné ou *hémanite rouge ;*

3° Le fer péroxydé rouge, terreux (pur, c'est le rouge d'Angleterre. Colchotar natif.)

Le fer oligiste métalloïde existe en filons puissants, où il forme des montagnes comme à l'île d'Elbe. Il existe sous forme de cristaux, en lames larges et minces, dans les laves du Puy-de-Dôme, au Stromboli, etc. Il se montre aussi dans les roches métamorphiques ; nous l'avons reconnu en remarquables cristaux, bien déterminés, dans le calcaire rouge métamorphique de Montloo, vallée Bagnères de Bigorre (Hautes-Pyrénées), où il est disséminé en prismes hexaèdres à sommets trièdres, montrant les stries du rhomboèdre primitif. C'est, pour le moment, le seul gisement de cette curieuse variété cristallographique.

FER OXYDÉ.

Gœthite, Lépidokrokite.

Cristallise en prisme droit rhomboïdal de 94°,53. Caractère d'élimination : *Poussière jaune d'ocre quel que soit l'aspect de l'échantillon.* Brun, brun jaunâtre, noirâtre.

122. Fer oxydé, en rognons dans le schiste, à Gourin, Priziac, La Villeneuve près Baud, Langoëlan près Guémené, Moustoir-ac, Rohan, La Villeder, etc.

Ce minéral se présente dans des conditions de gisement semblables au fer oxydé, dans des schistes cambriens et siluriens, etc.

FER OXYDÉ HYDRATÉ.

Ordinairement en roches et massif. Comme l'espèce précédente, il affecte quelquefois la forme mamelonnée ; il fournit un excellent minerai. Son caractère distinctif est également la poussière jaune d'ocre. Il se montre aussi en boules grossières, dont le centre est souvent occupé par un rognon d'argile durcie, qui a donné lieu à un noyau mobile.

123. Fer oxydé hydraté, à La Soullaye près Béganne.

124. — — concrétionné (avec hématite brune), au Bois-David, à La Villeder, à Saint-Gobrien près Baud, etc.

125. — géodique, dans le schiste, à Rohan.

C'est un des minerais les plus abondants ; il est ordinairement accompagné de fer oligiste (hématite rouge), de fer hydroxydé terreux en veines dans le gneiss, à Articol, dans l'Isère, etc.

On exploite en Sibérie, près de Ribenskoï, une mine qui est entièrement composée de bois fossile ferrugineux, etc., etc.

CHAMOISITE.

Berthierite, Bavalite.

M. Baublaye a trouvé à Sainte-Brigitte, pas loin des forges des Salles, un banc de chamoisite (fer silico-aluminaté).

$$(\dddot{Si} = 14{,}3.\ \dddot{Al} = 7{,}8.\ \dot{Fe} = 60{,}5.\ H = 17{,}4.)$$

C'est une substance amorphe, un peu oblitique, gris verdâtre, presque noire ; magnétique, facilement fusible en scorie, elle est aussi attirable à l'aimant.

Ce minerai est placé à la base du terrain silurien.

126. Chamoisite bleuâtre, noire, avec de très petits cristaux de fer oxydulé (presque microscopiques), dans le terrain silurien inférieur, Sainte-Brigitte, près des Salles.

Le nom de chamoisite est celui de la montagne de Chamoison, dans le Valais, près de Saint-Maurice ; puis le même minerai a été reconnu en couches de 2 mètres de puissance au Bas-Vallon, près de Quintin, et a été employé pendant longtemps aux forges du Pas. La bavalite est souvent mélangée de grenats un peu altérés, disposés en petits filons dans la roche.

FER CARBONATÉ.

Spathigereisenstein, Calcareous iron ore. (Siderose de Beudant.)

Comme la plupart des carbonates, c'est encore ici le rhomboèdre qui est la forme cristalline du fer carbonaté. L'angle est de 107°. Clivage parfait suivant (P), translucide, plus ou moins opaque ; blanc jaunâtre, jaune, brun, quelquefois même brun chocolat ou presque noir. Soluble avec effervescence dans l'acide hydrochlorique. Devient magnétique sous l'action du chalumeau.

Sa formule est $= \dot{F}\ \ddot{C}$.

127. Fer carbonaté, cristallisé, en rhomboèdres un peu contournés, très nets, brun noir, sur le fer carbonaté terreux, carrières de la Villejanvier, en Glénac.

128. — concrétionné, Bois-David, carrières de la Villejanvier.

129. — concrétionné, massif, grenu et terreux, *id.*

La variété 129 est exploitée avec avantage par M. de Goyon, auquel la terre de la Villejanvier appartient. Le minerai est exploité comme carrière à ciel ouvert, et expédié à Redon pour les fonderies diverses, même en Angleterre, vu le peu de frais de son extraction.

Le fer carbonaté se trouve en veines dans les montagnes anciennes, dans les roches métamorphiques, etc. Citer les diverses localités où se trouvent des fers carbonatés, d'apparences variées, serait trop long.

Les plus remarquables spécimens viennent d'Allevard, de Stolberg, au Hartz; de Traversella, au Piémont; d'Algérie, etc. (Voir les 56 échantillons de notre galerie, salle N° 3, vitrine 77, et salle N° 2, vitrine 65.

FER PHOSPHATÉ (BLEU TERREUX).

Tendre, tachant les doigts, c'est le (bleu de Prusse natif); il se montre souvent en enduit sur des os, du bois, etc.

$$\text{Sa formule est } \dddot{P}\ 29{,}01.\ \dddot{Fe}\ 11{,}60.\ \dot{Fe}\ 35{,}65 + H\ 23{,}74.$$

Soluble dans les acides; fusible en un globule magnétique.

130. Fer phosphaté, bleu terreux, sur du bois, trouvé dans les marais de Plaisance, près Vannes, et donné par M. de Lamarzelle. En cristaux; on le connait en Cornouailles, en Bavière, dans les basaltes et les laves, à la Bouiche, à Commentry, dans l'Allier, etc., etc.; dans ces derniers gisements, c'est dans des argiles cuites par la combustion des houillières.

FER PHOSPHATÉ (VERT).

Kraurit, oder Gruneisenerz, Dufrénite.

Vert foncé, aciculaire et fibreux, radié, concrétionné, mamelonné à l'extérieur; les concrétions lisses, poussière verte; fusible et soluble dans les acides.

La Dufrénite du Morbihan, selon Pisani, présenterait les éléments suivants :

$$\dddot{P}\ 28{,}53.\ \dddot{Al}\ 4{,}50.\ \dddot{Fe}\ 54{,}40.\ H\ 12{,}40.$$

Dans le Morbihan, la Dufrénite se montre en nodules radiées, vert-olive, associées à des globules aussi radiés, jaunes, qui sont du kakoxène dans un fer oxydé hydraté.

131. Fer phosphaté, vert, mamelonné, en concrétions radiées sur le fer oxydé hydraté (rare), (carrière comblée) parc de Rochefort-en-Terre.

132. — avec kakoxène, jaune, globuliforme, radié sur le fer oxydé hydraté, Rochefort-en-Terre.

133. Fer phosphaté, vert-bleuâtre, terreux, en petites veines dans un fer oxydé hydraté, Rochefort-en-Terre.

La Dufrénite n'est pas une substance minérale très commune, et c'est dans le Morbihan que l'on a reconnu les spécimens les plus remarquables ; malheureusement le gisement, qui se trouvait dans une carrière située dans le parc du château de Rochefort-en-Terre, a été comblé, il y a environ une vingtaine d'années, par le propriétaire.

La Dufrénite a été aussi citée à Limoges (Haute-Vienne) ; à Hirschberg, dans le grand duché de Nassau ; en Saxe, etc. La gangue est toujours du fer oxydé hydraté.

KAKOXÈNE.

C'est encore un phosphate de fer. Une analyse de Steinmann donne la formule suivante :

$$(\dddot{Fe}\ \dddot{Al})\ 5\ \dddot{P}\ 2 + 20\ \dot{H}.$$

La somme d'eau porterait à considérer le Kakoxène comme un phosphate très hydraté. D'un jaune citron, d'un aspect soyeux. Ce joli minéral se montre dans le Morbihan sous la forme de globules du diamètre de gros grains de plomb, jaune paille, radiés du centre à la circonférence comme les Wawellites. Dans ce même gisement de Rochefort-en-Terre, le Kakoxène se montre associé à la Dufrénite.

134. Kakoxène jaune de paille, en globules, avec la Dufrénite sur le fer oxydé hydraté, parc du château de Rochefort-en-Terre.

FER ARSENIATÉ.

Wurfelerz des Allemands ; **Arseniat of Iron** des Anglais.

L'arséniate de fer cristallise dans le système cubique ; son éclat est vitreux, généralement vert ou vert-bleuâtre ; translucide, au chalumeau, il émet des fumées aliacées, puis se forme en un bouton magnétique qui démontre que ce minéral est une combinaison de fer et d'acide arsénique.

$$\dddot{Fe}^4\ \ddot{As}^3 + 15\ H.$$

135. Fer arséniaté cristallisé. Un tout petit spécimen, le seul trouvé jusqu'à ce jour à la mine de la Villeder.

Le fer arséniaté est presque toujours associé aux filons stannifères. C'est dans ces conditions qu'on le connait associé à l'étain oxydé, à Saint-Léonard, près de Limoges (Haute-Vienne) ; dans les mines de ce métal à Huelgorland, Karharack, Tincrofft, Cornouailles, etc. C'est encore ainsi qu'il se montre à la Villeder. Les spécimens les plus complets se trouvent à Graül, près de Schwarzemberg en Saxe. (Voir notre galerie, salle N° 3.)

SCORODITE (FER ARSENIATÉ FERRIFÈRE).

M. Breithaupt a imposé à une combinaison d'acide arsénique et de péroxide de fer différente de celle de l'arséniate de fer, dont nous venons de parler, le nom de *Scorodite.*

L'acide nitrique est sans action sur cette dernière, mais l'acide hydrochlorique la dissout avec facilité.

A la mine de la Villeder, ce minéral se présente avec une couleur verte-jaunâtre, un aspect comme carié et terne, associé à de l'étain oxydé. C'est encore dans ces mêmes conditions d'association que la Scorodite se présente à Vaulry, près de Limoges ; à Sainte-Austle, en Cornouailles, etc., etc.

136. Scorodite cariée, vert-jaunâtre avec fer arseniaté, vert-olive en cristaux microscopiques, sur de l'étain oxydé avec émeraudes grossières, filons stannifères de la Villeder.

SCORODITE TERREUSE.

A — « M. Boussingault a donné la description d'un arséniate de fer » en masses terreuses, d'un vert blanchâtre, provenant de Loaysa, » près Marmato, dans la province de Papayan, en Colombie, dont la » composition se rapporte exactement à celle de la Scorodite... » On trouve à la mine d'étain de la Villeder une substance terreuse, blanche-verdâtre, qui est visiblement une altération du fer arsenical (certains cristaux montrent à une extrémité le fer arsenical ordinaire, à l'autre cette substance blanche-verdâtre et terreuse).

137. Fer arséniaté terreux, verdâtre. Scorodite terreuse (cristaux de fer arsenical passés, pour la moitié, en scorodite terreuse) dans le quartz fétide, avec étain oxydé et mica, filons stannifères de la Villeder.

138. — Spécimen montrant la décomposition du fer arsenical et le passage à la scorodite terreuse, d'une manière encore plus marquée, dans le quartz fétide, Villeder.

139. — terreux. (Scorodite) en grains amorphes, disséminés avec mica sur l'étain oxydé et le quartz fétide, Villeder.

140. — Scorodite terreuse, comme cariée, Villeder.

SYMPLÉSITE.

M. Breithaupt a désigné sous ce nom, un arséniate de fer contenant 25 pour cent d'eau. MM. Naumann et Zirkel en font une espèce particulière (1); ils lui donnent comme type cristallin, le 5e système ou système monoklinique, alors que ces savants indiquent pour la Scorodite le 4e type ou prisme droit rhomboïdal. La Symplésite aurait pour formule

$$Fe^3\ As^2\ O^8 + 8\ aq.$$

La couleur des spécimens de la Villeder est le vert-céladon, le bleu-verdâtre sale, quelquefois, assez foncé. La cassure est compacte, un peu cireuse.

C'est encore ici, bien visiblement, le produit d'une altération du fer arsenical, d'une substance ayant dans certaines circonstances cristallisé à nouveau et dans un système qui diffère de celui du fer arsenical dont on voit encore les formes en grands cristaux bleus-verdâtres à la surface et dans la cassure; mais, pour le présent, plus rien du fer arsenical primitif.

141. Symplésite, vert-céladon, bien cristallisée en prisme hexagonal (nous avions pensé au premier moment à un pseudomorphose d'émeraude; des mesures au goniomètre nous ont appris que les angles ne correspondent pas à ceux du prisme hexagonal régulier) avec Symplésite amorphe verdâtre et mica, filons stannifères de la Villeder.

142. — amorphe et cristalline, bleue-verdâtre, ayant encore les formes du fer arsenical, avec quartz fétide et étain oxydé, Villeder.

MANGANÈSES OXYDÉS (PSILOMÉNANE, WAD).

Wad de Kirwan, **Groroilith** de Berthier.

Le Wad se montre en masses terreuses, en enduit d'un brun noir; sa composition est variable. C'est un manganèse oxydé hydraté, contenant du fer oxydé, de la chaux, de la potasse, etc., etc. Il donne de l'eau dans le tube. Au chalumeau avec le Borax (*Borate de soude*) nous avons obtenu un verre d'un beau violet.

143. Wad concrétionné, sur un micaschiste ferrifère altéré, île de Groix.

---

(1) Voir *Elemente der minéralogie,* page 467.

144. Wad concrétionné, île de Groix.

145. — concrétionné, ferrifère, près de la fontaine à Auray.

Le manganèse oxydé hydraté ferrifère, *Wad*, a été découvert dans la falaise de l'île de Groix où il se trouve en filons, à environ 60 mètres de la source dite minérale, près du phare de la pointe de Bilhéry, par M. l'abbé Guyonvarch, ce chercheur infatigable auquel on doit la connaissance en place de toutes les espèces si intéressantes de cette île, encore inexplorée avant lui.

ZINC SULFURÉ.

Zinkblende, Blende.

Système cubique. Clivage parfait suivant b^1. Cassure inégale et luisante; éclat métaloïde, transparent et le plus souvent opaque, jaune, de toutes les teintes jusqu'au brun noir. Poussière jaune, pour les spécimens de couleur claire; rougeâtre, pour ceux qui sont bruns ou noirâtres. Rayé facilement par une pointe d'acier, la trace de la rayure comme la poussière est rouge pour les variétés foncées. Le plus souvent infusible, soluble dans l'acide azotique.

$$\text{Formule } Zn^4\ S^5 = Zn\ 67{,}15 - S = 32{,}85.$$

Contient souvent du fer et du cadmium; cristallisé, laminaire, lamellaire, fibreux, grenu.

La Blende est très rare dans le Morbihan, nous ne la connaissons qu'à la mine de la Villeder, encore en très petite quantité.

146. Zinc sulfuré, cristallisé, *Tétraédrique*, sur un quartz grossier, filon stannifère de Maupas (concession de la Villeder).

147. — lamellaire, avec fer sulfuré dans un quartz fétide, Villeder.

148. — lamellaire, en cristaux confus avec fer sulfuré, cristallisé, cubique dans le quartz fétide, Villeder.

149. — lamellaire, mélangé avec de l'étain oxydé dans le quartz fétide, Villeder.

Le zinc sulfuré se trouve en veines dans les montagnes de toutes les formations, sous forme de cristaux, de masses lamellaires, de concrétions, etc.; il accompagne souvent le plomb sulfuré, les cuivres gris et sulfurés, l'argent; il est très communément associé à la chaux fluatée, au quartz, à la chaux carbonatée. Ce minéral abonde dans une foule de localités : en Angleterre, à Schemnitz, en Hongrie, en Saxe, en Transylvanie, au Hartz, en Espagne, à Baigorry et au col de Saysie, dans les Pyrénées, etc., etc. (Voir, pour étude, les 56 spécimens de zinc sulfuré de provenances diverses, dans notre galerie, salle N° 3, vitrine N° 74, armoires N°s 78 et 79.)

TITANE OXYDÉ.

Ruthil des Allemands, **Titanit** des Anglais, **Sagénite** de Saussure, etc.

Le Ruthil cristallise en prisme droit, à base carrée. Souvent ces prismes se maclent en formant un angle obtus. C'est le titane oxydé, *géniculé*. Clivage facile suivant m et h^1. Cassure conchoïde, résineuse, et un peu adamantine dans les autres sens que ceux des clivages. Son éclat sur ces faces est métalloïde. Couleur généralement brun chocolat pour les cristaux et en masses. Il se montre aussi avec une belle couleur jaune mordorée (c'est la Sagénite de Saussure) ; infusible et inattaquable aux acides.

Sa formule est $\ddot{T}i$.

Au chalumeau avec le Borate de soude, on ne tarde pas à obtenir sur la coupelle, *à la flamme d'oxidation*, un émail bleu de lavande. Une étude déjà citée a fait voir que le Ruthil est susceptible de s'unir à une certaine quantité de fer deutoxydé, et par isomorphisme, de donner naissance à diverses variétés de fer titanifères, dont la formule générale est

$$(\ddot{F}e, \ddot{T}i).$$

La poussière du Ruthil, finement broyée, est rouge-aurore.

150. Titane oxydé, cristallisé, montrant sa pyramide à sommet quadrangulaire, baie de Salins.

151. — laminaire dans un mica-schiste, île de Groix.

152. — Fragment d'un très gros prisme enveloppé d'un peu d'Ilménite, baie de Salins.

153. — aciculaire, en aiguilles contournées, et groupées dans tous les sens sur le quartz, île de Groix (pointe du fort La Croix).

154. — aciculaire, en cristaux, dans un talc-schiste, île de Groix (pointe du fort La Croix).

155. — lamellaire, enveloppé d'Ilménoruthil, baie de Conleau.

156. — amorphe dans le quartz, baie d'Arradon.

157. — arénacé, sables de l'île de Houat.

158. — en houppes fibreuses, dans le quartz pyramidé, Saint-Avé.

ILMÉNORUTHIL DE KOKSCHAROW.

Ruthil noir. — Ilménoruthil, variété de l'Arkansite ?

Noir, laminaire, lamellaire et grenu, l'Ilménoruthil, selon M. Kokscharow, directeur de l'École des ingénieurs des mines de Russie, est un Titane oxydé, contenant 11 pour cent de fer, et se trouve en cristaux noirs dans la roche nommée Miacite, sur les bords du lac Ilmen (Sibérie).

Des expériences pratiquées par un de nos savants minéralogistes bretons, M. Victor Micault, il résulte que, si l'on mélange du Ruthil rouge parfaitement pur (par exemple celui de Saint-Yriex) avec du poussier de charbon, dans un creuset brasqué, placé dans un four à pudler, il paraît alors que les conditions de milieu jointes à une élévation de température, tendraient à modifier l'aspect extérieur. M. Damour, en chauffant de l'acide titanique cristallisé, Ruthil, dans de l'hydrogène, lui a fait prendre l'aspect de l'arkansite ; il y a eu réduction partielle de l'acide titanique. Mais continuons.

Le Ruthil employé par M. Micault, était : 1° en fragments pulvérulents ; 2° en fragments gros comme des grains de Blé ; 3° en fragments gros comme des grains de maïs.

Les fragments en poudre ont été réduits, et notre éminent minéralogiste a obtenu du Titane métallique comme celui des hauts fourneaux. (Voir notre galerie, salle N° 6, vitrine N° 25 (*Collection de reproduction synthétique des minéraux*). Celui qui était en fragments de la grosseur d'un grain de blé, n'avait pas eu le temps de se réduire complètement, *il l'était en partie*, et avait pris l'aspect de l'*arkansite*.

Quant aux fragments plus considérables, on peut obtenir à la surface un Ruthil noir, enveloppant à l'intérieur un noyau de Ruthil rouge. Nous avons communiqué ces observations à une grande autorité minéralogique, M. von Lasaulx. Voici ce qu'il nous a fait l'honneur de nous écrire à la date du 25 avril 1882..... « Je me suis décidé, à la suite des intéressantes observations de M. Micault, que vous avez bien voulu me communiquer, à faire une analyse : 1° d'un Ruthil rouge frais ; 2° de la substance noire lui faisant entourage. Je suis convaincu qu'il y aura un changement du Ruthil 1° en Ilménite, 2° en Anatase. Comme il n'y a pas de différence dans la position entre le Ruthil ou l'Arkansite (*tous les deux sont* Ti O_2), pour avoir la différence du fer titané ou Ilménite, ou du Ruthil ou Arkansite, il n'y a que le poids spécifique *seul* qui puisse donner la décision :

Pour l'Ilménite, c'est................	4,5 à 5,2
Pour le Ruthil........................	4,2 à 4,3
Pour l'Anatase et l'Arkansite..........	3,8 à 4.

159. Ruthil noir, Ilméno-Ruthil de M. Koskscharow, Arkansite? etc., enveloppant un petit noyau de Ruthil rouge, ayant à l'extérieur du spécimen une apparence comme fondue, baie de Salins.

160. — montrant la disposition géniculée du Ruthil rouge et enveloppé d'Ilménite, baie de Salins.

HYDRORUTHIL.

L'Hydroruthil est une grande rareté minéralogique. Pisani seul en dit quelques mots dans son Traité de minéralogie, page 243. « *L'Hydro-Ruthil serait un ruthil hydraté.* » C'est là tout ce qu'il rapporte au sujet de cette substance. Nous croyons nous souvenir que M. Damour en a trouvé aussi quelques petits grains dans les sables diamantifères du Brésil.

Sauf erreur de notre part, nous croyons que ce serait peut-être dans le Morbihan, bien que fort rarement, que se trouvent les échantillons les mieux caractérisés.

L'Hydroruthil se laisse rayer facilement par une pointe d'acier. C'est une substance d'un jaune de Naples, un peu terne, quelquefois ayant un aspect légèrement satiné. La trace de la pointe d'acier, vue à la loupe d'un foyer court, offre l'aspect que présenterait cette trace sur de la cire jaune. Il est très difficile de détacher du spécimen des parcelles exemptes de petits grains minuscules, et cependant faciles à reconnaître à la loupe, de Ruthil rouge. Au chalumeau on obtient un émail bleu par la flamme d'oxydation, sur une coupelle avec addition de Borax.

Voici ce que pense de cette substance M. le professeur von Lasaulx, auquel nous avions soumis un échantillon de ce minéral.

(Lettre en date du 12 janvier 1882.)

«... Le N° 2, dont vous me parlez aussi, et vous dites bien (parce
» que vous avez aussi déjà remarqué les très petits cristaux par la
» loupe), c'est un mélange d'un minéral neuf pour le Morbihan ; je
» crois, l'Anatase, avec des restes de Ruthil et des grains de Titanite.
» Comme la forme extérieure ne parait pas différer des autres, je crois
» que c'est ce qu'on appelle une *Paramorphose* de Ruthil ($Ti\ O_2$),
» en Anatase ($Ti\ O_2$) et en même temps de la Titanite et de l'Hydrate
» de Titane, pour lequel j'adopte votre nom de *Hydroruthil*. Je vous
» en adresserai bientôt de plus amples détails... »

161. Hydroruthil jaune, en enduit épais autour d'un noyau de Ruthil rouge ; l'enveloppe extérieure formée par une couche de Titaneisen ou Ilménite, baie de Salins, golfe du Morbihan.

162. Hydroruthil jaune, avec noyau de titane ruthil, de Salins.

163. — en fragments d'un jaune de Naples terreux, plus ou moins mélangés de Ruthil.

MICAULTLITE.

Nous proposons de donner le nom de Micaultlite à un minéral terreux, rouge de *brique*, ayant les mêmes caractères que la substance précédente, sauf que le nitrate de Cobalt, après que la parcelle a été chauffée au chalumeau, indique par la couleur bleue la présence de l'Alumine en quantité notable. Ce serait un hydroruthil alumineux?

164. Micaultlite, amorphe, rouge de brique. Spécimens dont des fragments ont donné les résultats indiqués plus haut, baie de Séné.

165. — en forme de lame batavique, rouge de brique, Séné.

166. — cristal arrondi, rouge de brique, dans un granite à gros grains très friable, baie de Salins.

La substance que nous venons de décrire serait peut-être bien due à un phénomène de doubles décompositions épigénique, sous l'action du métamorphisme : la première, serait le passage du Ruthil au Titaneisen (Ilménite), en empruntant le fer à la gangue ; en second lieu, celui du Titaneisen (Ilménite) à la Micaultlite, par suite d'une certaine somme d'Alumine, résultat de l'altération du feldspath du granite dans lequel les cristaux de Titaneisen se trouvaient logés. Un tel phénomène n'est pas sans exemples dans le Morbihan, ainsi qu'il nous sera donné de l'observer, quand nous aurons à décrire plus loin les vicissitudes du Kalknatronfeldspath (Plagioklas), fournissant un de ses principes constitutifs, la chaux, pour la formation de la calcite et de la wollastonite, dans la roche de Roguédas, près Vannes.

ÉTAIN OXYDÉ.

Zinnstein et Zinngraupenn des mineurs allemands ; Common Tin stone ; Stannite, Cassitérite.

L'étain oxydé cristallise en prisme à base carrée. Souvent les cristaux se maclent comme le ruthil, et donnent un solide caractéristique nommé par les mineurs *bec d'étain*. Cassure inégale et un peu grasse, translucide quand les cristaux sont très purs ; brun, jaune, gris, noir ; pesanteur considérable : 6,8 à 7,1 ; infusible et insoluble dans les acides. On le rencontre aussi en grains roulés dans les sables.

169. Étain oxydé quadrioctonal, dans le quartz fétide avec mica et émeraude, filons stannifères de la Villeder.

170. — sexoctonal, avec émeraudes, la Villeder.

171. — sexoctonal, dans le quartz avec fer arsenical en petits cristaux, la Villeder.

172. — en cristaux d'un grand volume, maclés. 4 prismes terminés et accolés parallèlement à la hauteur (maclure rare), la Villeder.

173. — maclé, bec d'étain dans le quartz fétide, la Villeder.

174. — maclé, bec d'étain en grand cristal isolé, la Villeder.

175. — en cristal isolé, traversé par des émeraudes cristallisées disparues (A), la Villeder.

176. — amorphe, dans le quartz fétide, la Villeder.

177. — en grains roulés, les alluvions de la concession de la mine de la Villeder.

178. — en grains roulés, avec grenats, corindons, fer oxydulé et quartz, alluvions de Pénestin.

Nous ne citons ici que les conditions typiques dans lesquelles se présentent les différentes associations de ce minéral dans le Morbihan. Pour plus de détails, étudier les 96 spécimens d'étain oxydé dans la galerie, tant des gites de la France que de ceux de l'étranger, salle N° 6, armoires N°s 21 et 22, et salle N° 3, armoires et vitrines N° 76.

L'étain oxydé est un minéral filonien des terrains anciens, et, si on le rencontre parfois dans d'autres formations, c'est en grains roulés avec des sables, formant les alluvions dans les terrains de transport. Le Morbihan possède ce minerai dans les deux conditions.

Le gisement le plus important est celui de la Villeder. C'est une série de filons quartzeux contenant de nombreuses veines d'étain oxydé plus ou moins cristallin, ou des cristaux isolés dans la gangue qui sont si recherchés dans les collections de minéralogie pour leur volume et leur perfection. On y trouve aussi, associé à l'étain, des minéraux intéressants et peu communs : l'émeraude, le fer arsenical, la phénakite, la gilbertite, etc., etc.

Ces filons quartzeux sont orientés : N., 20° O.; S., 20° E., direction très voisine de l'orientation des filons stannifères de la Cornouaille anglaise. Le granit est à grains moyens et tellement décomposé au contact de ces filons, qu'il se laisse abattre à la pelle.

Les cristaux recueillis à la mine et à Maupas, autre gîte de la concession, peuvent se rapporter à deux types : le prisme à base carrée surmonté de pyramides semblables, et le prisme octogonal avec pointement de même. Le plus grand nombre des autres cristaux appartient à des macles produites par l'accolement de deux prismes généralement désignés sous le nom de bec d'étain par les mineurs allemands.

Les alluvions des vallées dans la concession et les sables de Pénestin.

Les alluvions consistent en dépôt d'argile, de petits cailloux, avec des grains plus ou moins gros et roulés d'oxyde d'étain, qui sont les résidus des roches anciennes, produits par la décomposition des affleurements.

Le gite titanifère de Pénestin *(Pointe de l'étain en langue bretonne)*, est formé par des sables en grains fins et libres, roulés, d'étain oxydé, de fer titanifère, de quartz, de corindon bleu, etc., avec quelques parcelles d'or natif, etc.

En France, quelques autres gisements d'étain oxydé ont été reconnus même pour certains ; des recherches ont été faites à Vaulry, près de Limoges (Haute-Vienne), à Montbras, dans la Creuse, etc. L'étain oxydé existe en filons en Galicie, dans les granites à Altemberg, Zinwald, Schlackenwald en Saxe, à Saint-Austle et Saint-Juste en Cornouailles, en Colombie avec fer sulfuré; en grains roulés à Soëgi-Sémidong, district de Blingoë, Java, à Banca dans l'Inde, à Malacca, etc. (Voir notre galerie salle N° 3, armoire N° 80 et vitrines Nos 71 et 74.)

PLOMB SULFURÉ.

Bleiglanz, Common Galena, Galène.

Le plomb sulfuré cristallise en cube, cubo-octaèdre, octaèdre. Clivage cubique et parfait; éclat métallique, poussière grise; densité de 7,4 à 7,6. Il décrépite au chalumeau et développe une forte odeur de soufre. Pb = 86,61, soufre = 13,39. Il est rare que le plomb sulfuré ne contienne pas une quantité variable d'argent ou d'antimoine. La présence de l'argent est facile à reconnaître par la méthode de Pisani. Le sulfure de plomb étant soluble dans l'acide azotique, il suffit d'ajouter à la solution quelques gouttes d'iodure d'amidon qui se décolore immédiatement si l'échantillon contient de l'argent.

179. Plomb sulfuré cubique dans le quartz pyramidé, sur le granite, Villeder. (Le plomb sulfuré à la Villeder n'est qu'un accident minéralogique fort rare.)

180. — lamellaire, avec quartz et un peu de plomb phosphaté, environs de Pluméliau.

181. Plomb sulfuré lamellaire, massif, Saint-Maudez, près Baud.

182. — lamellaire, disséminé dans le quartz, environs de Sarzeau.

Le filon principal de Saint-Maudez formait une épaisseur de près d'un mètre, dont la direction est N — 4° E, incliné de 75° — E, dans un granite euritique blanc. Cette exploitation a d'abord fait naître de très belles espérances, qui ont été vite déçues devant la rareté devenue très rapide du métal, se réduisant à un chapelet de rognons. Le plomb sulfuré existe en grande abondance, sous la forme de veines ou de filons, dans les terrains de cristallisation, notamment en Transylvanie; dans le comté de Derby, en Angleterre. Les plus beaux cristaux des collections viennent du Hartz et de la Saxe ; en France, il en existe aussi à Pontgibeau, en Auvergne ; à La Mure, dans l'Isère ; en Bretagne, à Ponpéan, etc., etc. (Voir pour l'examen plus étendu les galeries de localités diverses (62 spécimens), dans la galerie, salle N° 3, vitrine N° 73, armoire N° 81.)

PLOMB CARBONATÉ.

Weiss Bleierz, White Lead Ore, Cérusite, etc.

Le plomb carbonaté cristallise en prisme droit de 117°,14' ; éclat adamantin un peu gras dans la cassure ; densité 6,4. Comme un grand nombre d'autres carbonates, soluble avec effervescence dans l'acide azotique ; se trouve souvent en masses bacillaires plus ou moins fines.

183. Plomb carbonaté cristallisé, prismé, terminé, sur du quartz agate concrétionné maclé, Saint-Maudez.

184. — cristallisé, en petits cristaux transparents et adamantins, Saint-Maudez.

185. — cristaux laminiformes, avec plomb phosphaté vert dans les druses du plomb sulfuré lamellaire (grand échantillon de luxe, Saint-Maudez.

186. — cristallisé sur du quartz agate, en concrétions sur le plomb sulfuré massif et lamellaire, Saint-Maudez.

La mine de Saint-Maudez a été le seul point du Morbihan où se soit trouvé du plomb carbonaté. Malheureusement ce filon plombifère étant abandonné depuis un certain nombre d'années, il n'existe plus que les spécimens conservés dans les collections.

Dans le plus grand nombre des gisements connus, cette substance se montre en cristaux déformés par une tendance marquée vers la forme bacillaire.

Les mines de Gazimour, en Sibérie, fournissent les plus beaux cristaux connus de cette substance. Viennent ensuite celles de Zellerfeld, au Hartz; de Psibram, en Bohême; du Huelgoat, en France (abandonnée).

PLOMB PHOSPHATÉ.

Gemeines Phosphorblei, Phosphated Lead Ore, Pyromorphite.

Le plomb phosphaté cristallise dans le système hexagonal. Cassure grasse; éclat résineux, parfois adamantin. Au chalumeau donne une perle qui prend une apparence cristalline quand elle est refroidie. Soluble dans l'acide azotique étendu ; densité — 6,9.

$$\text{Formule } 3\ Pb^3\ \ddot{\dot{P}} + Pb\ Cl.$$

187. Plomb phosphaté en petits prismes, à base hexagonale, d'un vert foncé sur un quartz souillé d'oxyde de fer, Saint-Maudez.

188. — aciculaire vert, Saint-Maudez.

189. — aciculaire brun, dans le plomb sulfuré lamellaire massif avec un peu de quartz, filon de plomb sulfuré non exploité de Plumelin.

190. — muscoïde vert, sur du quartz concrétionné, Saint-Maudez.

Le plomb phosphaté ne s'est encore rencontré que dans le filon plombifère déjà cité, avec les plombs sulfurés et carbonatés. Le Huelgoat a été jadis célèbre comme étant une des mines où se trouvaient les spécimens les plus remarquables. C'est une substance qui se trouve assez souvent avec le plomb sulfuré ; on le rencontre en cristaux réguliers, mais le plus communément sous la forme d'aiguilles brunes ou vertes. Les échantillons de couleur verte viennent plus particulièrement de Phonexville, aux États-Unis ; de Fribourg, en Brisgaw ; de Claustal, au Hartz; de Tschopau, en Saxe ; de Pontgibeau, en Auvergne, etc.; ceux d'une teinte brune ou violâtre, du Huelgoat ; prismes hexaèdres, violâtres, de Fredrich-Siégen-Grube près Braubach, Nassau ; jaune couleur de gomme-gutte concrétionné, Badenwiller ; compacte, brun, mine de la Solidad, Asturies ; Stolberg, au Hartz, etc., etc.

CUIVRE PYRITEUX.

Kupferkies, Yellow Copper Ore, Chalkopyrite de Beudant.

Prisme à base carrée. Par suite d'hémiédrie, tétraèdre dominant; très caractéristique pour cette substance. La forme dominante est ce *Tétraèdre* plus ou moins modifié. Son clivage est très difficile. La cassure est inégale et conchoïde; très souvent irisée des couleurs les plus brillantes. Jaune de laiton, il se fond en un globule magnétique en donnant une forte odeur de soufre. Soufre 34,87, cuivre 34,61, fer 30,52; aigre et cassant.

191. Cuivre pyriteux amorphe, dans un quartz blanc, au nord du village de Saint-Tudy, île de Groix.

192. — amorphe, dans un talc-schiste gris satiné, avec petits cristaux d'albite dans les fissures, Belle-Ile-en-Mer (près de la citadelle).

C'est pour être aussi complet qu'il nous est possible, dans la rédaction de ce catalogue, que nous citons le cuivre pyriteux, dont en réalité il n'existe que quelques rares mouches dans les roches du Morbihan que nous venons de noter.

Le cuivre pyriteux est le plus commun des minerais de ce métal. Il existe en France, à Baigorry (basse Navarre); à Saint-Bel; à Gyromagny, dans les Vosges; nous en avons reconnu des filons à Bielle, dans le Béarn (vallée d'Ossau); à Campan, dans la carrière où il est en filons et en amas (Hautes-Pyrénées), etc., etc.; à l'étranger, en Saxe, en Angleterre, au Chili, etc.

OR NATIF.

Gediegen Gold, Native Gold..... or natif.

Système cubique; éclat métallique, jaune de laiton; *ductile*, ce qui le distingue de suite du fer sulfuré et du cuivre pyriteux, qui sont aigres et cassants; densité = 15,6 à 19,4. C'est le plus pesant des métaux après le platine et l'osmium. Inattaquable aux acides azotiques ou chlorhydriques, ce qui le distingue encore du fer sulfuré et du cuivre pyriteux.

193. Or natif en paillettes, sables stannifères de Pénestin (1).

L'or natif se trouve dans toutes les formations, mais plus particulièrement dans les terrains cristallins. Il est disséminé en veines dans les grawackes en Transylvanie; il existe dans le quartz en Californie, en Sibérie, au Pérou, dans la Nouvelle-Grenade, etc. Plusieurs fleuves de l'Europe : le Rhin, le Rhône, l'Ariège en roulent des paillettes; il se rencontre dans les alluvions, etc., etc. (Voir, pour complément de l'étude des minerais d'or, les 34 spécimens, de diverses provenances, dans notre galerie, salle N° 3, armoire et vitrines N°s 71, 73, 86.

---

(1) Voir notre notice sur les gisements de l'étain en Bretagne, au point de vue de son commerce, à la période dite de bronze. Bulletin de la Société polymathique 2e semestre, 1878.

PLATINE NATIF.

Gediegen Platin, Platina, Platine, oro blanco des Espagnols.

Cubique ? éclat métallique, gris d'acier, ductile ; infusible au chalumeau. Soluble seulement dans l'eau *Régale ;* densité = 17,15 à 19.

194. Platine natif granuliforme, dans les sables stannifères (1), avec grenat, corindon bleu, fer titané, etc., alluvions maritimes de Pénestin.

195. — granuliforme, sur un grain de quartz, avec or natif, alluvions maritimes de Pénestin.

Le platine natif se trouve en grains mélangés à l'or dans les rivières et les alluvions du Mexique (mina do Pari, imedazoirs de Santa-Barbara) ; dans l'Oural ; dans la Colombie ; au Choco ; dans les Cordillières, etc. (Voir pour le platine de ces divers gisements, notre galerie.) Alluvions des rivières Do Morro Vetho, Diégo Vanelho, du Rio de Varpagos, etc. Les *Lavaderos* (lavages) qui donnent aujourd'hui le plus de platine (*oro Blanco*) en Amérique, sont ceux de Condoto, de Santa-Rita et le ravin d'Jro ; en Europe et en Asie se trouvent quelques riches alluvions platinifère : en Sibérie, à Nischne-Tagilsk, dans l'Oural, etc. « M. le comte Demidoff possède une pépite de platine trouvée dans la mine de Souko-Vicimski (Sibérie) qui lui appartient, » dont le poids est un peu supérieur à 4 kilos. C'est à Bornéo que la rare et célèbre Laurite (2) se trouve en grains mélangés à des grains de platine. (Voir pour les minerais de platine étrangers au Morbihan et de provenances diverses, les 11 spécimens de notre galerie, salle N° 3, armoires 71 et 86.

CHROME OXYDÉ SILICIFÈRE.

Couleur : le vert pomme plus ou moins foncé, quelquefois vert poireau. Dureté : rude au toucher, ordinairement friable et facile à racler avec le couteau. Cassure terreuse, inégale et raboteuse. Insoluble dans l'acide nitrique. Il communique, à la flamme du chalumeau, sur la coupelle, au verre de borax, une belle couleur émeraude.

196. Chrome oxydé silicifère dans un quartz, Saint-Avé.

Depuis la publication du catalogue fait par M. D'Ault-Dumesnil, où il avait indiqué, page 13, sous le nom de fer phosphaté, une substance verte, un peu terreuse, dans le quartz, à Saint-Avé, près Vannes ;

(1) Note déjà citée, page 43.

(2) Sulfure de Ruthénium ; minerai de ce métal.

ayant recueilli des spécimens plus complets que ceux qu'il avait alors en mains, il nous est arrivé d'avoir quelques doutes au sujet de leur nature.

Avant de rédiger ce nouveau catalogue descriptif des espèces minérales du Morbihan, nous avons voulu être bien fixé sur ce que pouvait être cette substance verte, par une analyse qualitative. A l'aide du nitrate de soude, l'oxyde de chrome se transforme en acide chromique et la solution aqueuse donne tous les caractères des chromates (1). Après avoir obtenu un précipité jaune, il nous a été établi que nous n'avions point affaire à du fer, mais que ce précipité pouvait être ou du chrome ou du vanadium, dont la couleur est la même. En solution, séparer et éliminer un de ces deux principes est une opération chimique qui ne peut guère se pratiquer que dans un laboratoire spécialement approprié pour les analyses quantitatives. Nous nous sommes alors servi d'autres moyens plus pratiques : l'essai par la voie sèche. Après avoir lavé le précipité et évaporé à siccité, nous l'avons mélangé avec du borate de soude sur une coupelle ; bientôt nous avons obtenu un verre qui, après refroidissement, nous a donné une couleur d'un vert-émeraude. Le minéral de Saint-Avé est du chrome oxydé silicifère. Un fragment du chrome oxydé des Écouchets, traité par les mêmes procédés, nous a donné des résultats identiques.

---

(1) Par l'addition de nitrate de plomb.

CINQUIÈME CLASSE.

LES SILICATES.

Toutes les espèces minérales qui font partie de cette classe ont une apparence pierreuse.

On a établi, pour les classer méthodiquement, deux grandes divisions : les *Silicates anhydres* et les *Silicates hydratés*. Les caractères distinctifs des premiers est d'être généralement plus ou moins durs ; insolubles dans les acides, et pour la plupart inattaquables par ces réactifs. La seconde division, les *Silicates hydratés*, plus tendres, sont pour le plus grand nombre rayés par une pointe d'acier, et leur dissolution s'obtient assez facilement dans les acides ; quelques-uns y font gélée.

Nous suivons encore ici la classification de l'École des mines.

SILICATES ANHYDRES.

SILICATE DE ZIRCONE — ZIRCON.

Zircon, Hyacinth, Hyacinthe.

Le type cristallin du Zircon est le prisme à base carrée. Cassure conchoïde et inégale ; transparent, translucide, opaque ; éclat vitreux et gras, adamantin ; rouge hyacinthe, brun, jaune, gris, bleuâtre (celui du Vésuve), incolore (celui de Ceylan) ; absolument infusible au chalumeau. *Caractère* d'élimination entre le grenat roulé et le zircon roulé. Le premier fond très facilement au chalumeau, le second se décolore sans subir aucune autre altération. Insoluble dans les acides.

Sa formule est $\dddot{Zr}\,\dddot{Si}$. Silice 33,04, zircone 66,96.

197. Zircon granuliforme roulé, rouge hyacinthe, en grains mélangés avec des grenats, des corindons, du quartz, du fer oxydé, de l'étain oxydé, etc., sables, Pénestin (1).

Le zircon se montre dans trois conditions géologiques très différentes : 1° dans les roches cristallines ; 2° dans les roches basaltiques ; 3° dans les alluvions. Il se trouve dans les roches syénitiques en Norwège ; dans les roches chloriteuses en Tyrol ; dans les basaltes des bords

(1) Voir notre note déjà citée sur les gisements de l'étain en Bretagne.

du Rhin ; nous l'avons récolté aussi dans les mêmes roches altérés du Cantal, etc. ; il existe en remarquables cristaux dans l'Oural, la Caroline, etc. ; il se rencontre en grains roulés dans les sables, à Riou-Pezzouliou, près d'Expailly; à Porquerolles; à Ceylan, etc. (Voir, pour étude plus complète, les 26 échantillons de notre galerie, salle N° 4, armoire 108, et salle N° 3, vitrine N° 73.)

SILICATE D'ALUMINE. — ANDALOUSITE.

Andalusit, Andaluzit, feldspath apyre des anciens minéralogistes, etc.

L'Andalousite cristallise dans le système du prisme droit rhomboïdal de 90°,44' ; de plus, souvent c'est la forme du prisme primitif qui domine ; éclat vitreux dans les cristaux transparents (1) qui sont fort rares ; dichroïte dans ces mêmes cristaux ; verdâtre selon un des axes, rouge vineux selon les autres ; infusible au chalumeau ; rouge de chair quand elle est translucide, ou opaque, grise, plus ou moins foncée ; rayant fortement le verre.

Sa formule est $\ddot{Al}^8 \dddot{Si}$ 9 = silice 39,58, alumine 60,42.

198. Andalousite cristallisée, rouge brunâtre, Saint-Allouestre.
199. — cristallisée, rouge violâtre, en très grands cristaux, avec quartz et mica (échantillons de luxe), Saint-Allouestre.
200. — cristallisée, rouge violâtre, en très grands cristaux encroûtés de mica talqueux, Saint-Allouestre.
201. — cristallisée en cristaux confus, environs de Plouay.
202. — lamellaire massive, rouge violâtre, Saint-Allouestre.
203. — laminaire rose dans le quartz, Saint-Allouestre.

SOUS-VARIÉTÉ DE L'ANDALOUSITE.

LES MACLES.

Chiastolith, **Macles** d'Haüy, **Hohlspath** de Werner, **Hollowspar**, etc., etc.

Prisme droit rhomboïdal de 91°,4' ; toujours bien cristallisé quand il a pour gangue des schistes argileux plus ou moins métamorphisés. Ce minéral se trouve en cristaux confus quand la roche qui le contient est une variété de mica-schiste (alors c'est la macle monogramme de

(1) La variété transparente ne se trouve qu'au Rio dos Americanos, Minas novas (province de Minas-Géraès, au Brésil).

Charpentier) ; nous l'avons rencontrée dans toute la chaîne des Pyrénées pendant nos cinq voyages d'exploration dans un grand nombre de localités de ce pays. Couleur rose, grise, blanche. Les cristaux sont formés de deux matières ; un centre noir et souvent, suivant des plans diagonaux, la même matière centrale coupant en diagonale le prisme, quand ce prisme est scié ou fracturé parallèlement à la base, il montre une croix noire. Fragile, infusible et inattaquable par les acides; la chiastolite ou macle est, comme l'andalousite, sujette à se décomposer plus ou moins complètement en une matière friable.

204. Macle ou chiastolite, grands cristaux isolés, de 5 et 6 centimètres de long, quelques-uns polis à la base pour montrer les variétés et dispositions de la matière noire : macles, tétragrammes et pentarhombiques, etc., d'Haüy, étang des Salles de Rohan.

205. — dans un schiste métamorphique, grands cristaux (échantillons de luxe), étang des Salles de Rohan.

206. — dans un schiste très cristallin, fortement métamorphisé, grand échantillon de luxe sur un socle, abbaye de Bon-Repos, près Pontivy. Cette dalle montre plus de 300 cristaux. (Voir la salle N° 4.)

207. — monogramme, dans un schiste fortement métamorphisé, environs de Molac.

208. — en voie d'altération, dans un schiste très métamorphisé, presque cristallin, Questembert.

209. — en petits cristaux, dans un schiste ardoisier laminaire, Rochefort-en-Terre.

210. — altérées, passées à l'état de kaolin dans un schiste, Questembert.

Nous avons employé le terme *métamorphisé* dans la description des spécimens qui précèdent, c'est avec intention. Les schistes qui contiennent des macles sont plus ou moins métamorphisés dans le voisinage des granites ; ils étaient primitivement des roches sédimentaires avant d'avoir subi cette action, qui les a pétris de cristaux de macles.

Une découverte faite par M. de Baublaye a démontré le fait. Il a signalé un des gîtes des plus curieux où l'on peut récolter dans le même spécimen, qui est un schiste presque encore argileux ou très peu métamorphisé, des empreintes de trilobites, d'orthis (fossiles caractéristiques des terrains siluriens) avec des cristaux de macles souvent *tout à côté* de ces empreintes.

211. Schiste argileux, montrant les empreintes de plus de 10 à 12 petites trilobites ; le tout traversé par un cristal de macle ayant 3 centimètres 1/2 de long, rochers de Sainte-Brigitte.

212. — peu métamorphisé, montrant un calymène tristani et des cristaux de macle disséminés dans la masse de l'échantillon, Ste-Brigitte.

213. — montrant à la fois avec des macles des empreintes de trilobites (calymène) et d'orthis, Sainte-Brigitte.

L'andalousite appartient aux terrains de cristallisation, aux granites, aux gneiss et aux mica-schistes. On la trouve en grands cristaux à Lisens, en Tyrol; bacillaire radiée rose à Penig, en Saxe; en cristaux gris violâtres dans la vallée du Lys (Pyrénées); à Portsoy, en Écosse; dans les Côtes-du-Nord, à Roc'h-Eas ; dans le mica-schiste, route de Rennes, près Nantes, etc. La variété dite chiastolite, semblerait être plutôt cantonnée dans les schistes sédimentaires métamorphisés aux salles de Rohan (les plus grands cristaux connus); à Saint-Jacques de Compostelle, en Espagne; en Angleterre; à Hoff, en Bavière; au Tourmalet, dans la vallée d'Héas, dans les Pyrénées, etc.

SILLIMANITE (SILICATE D'ALUMINE).

SOUS-VARIÉTÉ : LA FIBROLITE.

Sillimanit, Fibrolite, Bucholzite, etc.

La Sillimanite cristallise dans le système du prisme droit de 111. Clivage facile et très net suivant h^1. Translucide, éclat vitreux sur les faces du clivage, un peu gras sur les autres faces ; poussière blanche ; disposition générale : en long prismes cannelés et minces, souvent fibreuse en baguettes divergentes. Caractère foudamental d'élimination entre la fibrolite et la trémolite blanche : la première est absolument infusible au chalumeau ; la seconde se fond en verre blanc. Inattaquable aux acides.

Formule $\dddot{Al}^8 \ \dddot{Si}^9$ = Silice 39,58, Alumine 60,42.

214. Fibrolite blanche, fibreuse, massive, en filons dans les roches de mica-schiste, près Kentré, rivière d'Auray.

215. — en fibres très fines, entrelacées avec grenat et quelques petites lamelles de fer carburé, baie de Penboc'h, golfe du Morbihan.

216. — blanche soyeuse, dans un gneiss, baie de Penboc'h.

217. Fibrolite blanche à fibres très fines entrelacées, dans un weisstein (granulite) grenatifère, en filons dans un mica-schiste, baie de Penboc'h.

218. — blanche, en lames contournées dans un quartz, en gros rognons lenticulaires dans un gneiss, baie de Penboc'h.

219. — grise, dans un granulite, baie de Penboc'h.

220. — grise, dans un mica-schiste, roche que nous proposons de nommer Morbihanite, à cause de son importance dans la baie de Penboc'h.

La fibrolite a été rapportée pour la première fois du Carnate, dans l'Inde, par le voyageur Lesnaud qui l'avait rencontrée en fragments roulés. Le comte de Bournon en fit la description, puis, en définitive, elle fut nommée fibrolite par suite de son apparence plus ou moins fibreuse.

On a supposé pendant un grand nombre d'années que ce minéral n'existait que dans l'Extrême-Orient, mais depuis un certain temps la fibrolite a été reconnue en place en Europe et aux États-Unis.

Si cette substance n'offre point au minéralogiste un intérêt plus particulier que bien d'autres, ce n'est pas la même chose pour l'archéologie préhistorique. Pendant de longues années, elle a été le soutien d'une théorie vivement défendue, dans le but de démontrer la migration des races antiques et leur venue de l'Extrême-Orient en Europe, même en Bretagne, car il arrive souvent de trouver des haches faites avec cette matière quand on fouille des dolmens.

Malheureusement pour ce système, que bien des archéologues soutenaient fort et ferme ces dernières années, on a signalé la fibrolite en France, même sur divers points en Bretagne, plus encore; dans le Morbihan (1), dans la Loire-Inférieure, les Côtes-du-Nord, et notre collègue de la Société géologique de France, M. Barrois, la retrouvait aussi, l'année dernière, dans le Finistère.

Elle se fait la compagne ordinaire des gneiss et des mica-schistes à la pointe de Kérino, près Vannes; à Penboc'h; à Couëron et à Saint-Nazaire; à Vaise, près de Lyon (Rhône); en fragments roulés dans l'Inde, au Carnate; en France, au ravin de Saint-Félicien, dans l'Ardèche; dans le ravin de la montagne du Perrier, près d'Issoire; à Poulaguet (Haute-Loire), etc., etc.; à Zermatt en Suisse; à Saint-Ours, près Pontgibeau, en Auvergne; dans un gneiss schisteux. Nous passons sous silence l'indication des fibrolites ou sillimanites des États-Unis, d'Allemagne, etc. (Pour étude plus complète, voir dans

(1) Voir notre note, bulletin de la Société de Minéralogie de France, 1882, page 71.

notre galerie, salle N° 4, les 32 spécimens de divers gisements du monde où la fibrolite se voit dans la roche ; en fragments roulés ou sous forme de haches, vitrine N° 103, salle N° 4.

DISTHÈNE (SILICATE D'ALUMINE).

Kyanit, Sappare Cyanit.

Le Disthène cristallise en prisme doublement oblique de 106°,15'. Les sommets des prismes existent très rarement ; le clivage est très facile suivant *m* ; la cassure est inégale ; transparent quelquefois, mais le plus souvent translucide ; une fois plus dur sur les faces *m* que sur les autres ; de là son nom de Disthène (δις, double, σθένος, force). Éclat nacré ou vitreux, blanc, bleu, gris, jaune de rouille, etc., même rose et rouge ; infusible au chalumeau en se décolorant ; insoluble dans les acides. Sa formule est

$$\dddot{Al}^3\ \dddot{Si}^2 = \text{Silice } 36{,}80 ;\ \text{alumine } 63{,}20.$$

221. Disthène cristallisé, périoctaèdre bleu, cristaux groupés, village de la Haye, 10 kilomètres de Baud.
222. — cristallisé, bacillaire bleu, vallée de l'Ével.
223. — laminaire bleuâtre, dans le disthène lamellaire massif, Le Hayo.
224. — laminaire, en grandes lames, Keroman.
225. — laminaire, gris, Keroman.
226. — laminaire, blanc dans l'andalousite rose, lamellaire et massive, Saint-Allouestre.
227. — lamellaire d'un beau bleu de ciel, vallée de l'Ével.
228. — lamellaire, jaune d'ocre, Keroman.
229. — fibreux, bois de Quélen.
230. — fibreux, rouge, aciculaire, Plumelin.

Le Disthène se rencontre toujours à l'état cristallin dans les mica-schistes et les talc-schistes, parfois avec les staurotides. Il existe dans les quartz des mica-schistes en lames fasciolées dans l'Aveyron, au Saint-Gothard ; blanc dans le Tyrol, à Shillsurch, aux Schetlands (Écosse) ; vert céladon avec grenat dans le Tyrol ; bleu foncé dans le quartz grenu Sau-Alpes (Carinthie) ; blanc aciculaire radié aux Shetlands ; rose radié aux Shetlands ; jaune fauve à Monte-Campione, etc. (Voir notre galerie salle N° 4, armoire N° 103, et salle N° 3, vitrine N° 7

STAUROTIDE (SILICATE FERRO-ALUMINEUX).

Staurolith, Grenatite, Pierre de Croix, etc.

La Staurotide cristallise dans le système du prime droit rhomboïdal de 129°,26'. La forme type est le prisme modifié selon g^1 ; on rencontre aussi souvent ce prisme modifié g^1 ou hexagonal irrégulier, avec une facette triangulaire au sommet plus ou moins étendue : c'est la variété unibinaire d'Haüy. Couleur brun-rougeâtre, brun, noir ; éclat vitro-résineux dans la cassure ; rayant fortement le verre ; infusible et inattaquable par les acides. Dans certains gisements, qui sont le plus souvent des mica-schistes, les cristaux de Staurotides se montrent maclés, soit rectangulairement, soit obliquement. Quand la roche qui sert de gangue à cette espèce est de la Paragonite, comme au Saint-Gothard, les cristaux sont simplement des prismes non croisés ou maclés.

La formule est $(\ddot{A}l, \ddot{F}e)^2 Si$ ou $(AL\ Fe)^2 Si$. Silice 27,00, alumine 52,25, oxyde ferrique 18,50, oxyde manganique 0,25 = 98,00 (analyse de la Staurotide du Saint-Gothard, par Klaproth).

231. Staurotide périhexaèdre, cristaux isolés, lande du Tellené, Guénin, Talhouët, etc.

232. — avec facettes triangulaires sur les angles, lande du Tellené, Guénin, Talhouët, etc.

233. — périhexaèdre maclé, cristaux isolés, lande du Tellené, Le Hayo, Guénin, Talhouët, Moustoir-ac, etc.

234. — cristallisée *défective*, rectangulaire, Le Hayo.

235. — *défective*, obliquangle, Le Hayo.

236. — ternée, réunion ou maclure ternée, 3 prismes, Le Hayo.

237. — de toutes les variétés dans le mica-schiste, sur une grande dalle de 0m,50 de long sur 0m,60 de haut : c'est l'échantillon le plus grand et le plus complet qui existe dans aucun musée d'Europe, vallée de l'Ével.

238. — cristallisée, sur un bloc de disthène lamellaire, Keroman.

La Staurotide appartient aux roches cristallines et métamorphiques. On la trouve dans les schistes talqueux *(Paragonites)* Alpes-Sponda (Tessin); de l'Oural ; dans un talc-schiste de Pensylvanie ; dans un talc-schiste blanc très voisin de la *Paragonite* du Saint-Gothard, au village du Mur, en Plouignau (Finistère) ; dans un steaschiste talqueux gris d'ardoise aux Forges-Neuves (Finistère); dans un mica-schiste à Coray (Finistère); à Quadrille, en Scaer; dans la vallée de l'Ével avec grenat rouge; à Aschaffenbourg, en Bavière, en cristaux isolés prismés; rectangulaires et obliquangles de Morganton, Géorgie (États-Unis); à Aschaffenbourg, en prismes noirs modifiés; à la Guyane, etc. (Voir notre galerie salle N° 4, armoire N° 102.

GROUPE DES AMPHIBOLES.

SILICATES DE CHAUX ET SES ISOMORPHES (Ca, Mg, Fe, Mn).

TRÉMOLITE (SILICATE DE CHAUX ET DE MAGNÉSIE).

Trémolite de Saussure, **Trémolit**, **Calamit** de Werner, etc., **Grammatite** d'Haüy.

L'amphibole blanche cristallise en prisme allongé, sans terminaison. La cassure est imparfaitement conchoïdale; translucide; couleur blanche, verdâtre ou grise. Quand la Trémolite est en fibres fines, elle a l'aspect de la plus belle soie. Fusible au chalumeau en un verre blanc, avec bouillonnement; inattaquable par les acides.

Sa forme cristalline serait un prisme oblique? de 124°,41'? forme générale du système cristallin de tous les membres de ce groupe.

La formule de la Trémolite est $\dot{C}a\ \dddot{S}i + \dot{M}g^3\ \dddot{S}i^2$ ou $Si^3 + 3\ Mg\ Si^2$. Silice = 56,69, magnésie 28,85, chaux 13,46.

239. Trémolite en cristaux blancs radiés, Billiers.
240. — cristalline, en cristaux confus, Le Moustoir, Billiers.
241. — radiée dans une dolomie blanche, *id.*
242. — blanche-grisâtre lamellaire, *id.*
243. — en fibres fines entrelacées, *id.*
244. — en houppes soyeuses dans un quartz agate grossier, Le Moustoir, Billiers.

La Trémolite appartient aux terrains cristallins et métamorphiques. Elle se trouve en cristaux bacillaires radiés au val de Trémola, c'est de là que lui vient le nom de Trémolite; cristalline, blanche soyeuse, lac Baïkal, Sibérie; radiée bacillaire dans une dolomie, Campo-Longo; blanche satinée, en fibres très fines, du Saint-Gothard, des Pyrénées; fibreuse, blanche avec calcaire, des Pyrénées (cap du Mont, près Saint-Beat); soyeuse, verdâtre, Saint-Gothard; satinée, fibreuse, conjoint de la Haute-Garonne; satinée, verdâtre, bacillaire, de Grèce; satinée, gris foncé, en fibres entrelacées avec mica et grenat, de Konsgberg, en Norwège ; satinée, en boules radiées verdâtres, Sibérie ; rouge radié ? du cap Calamita ? etc., etc. (Voir salle N° 4 de la galerie, armoire N° 102 et vitrine N° 116.)

ACTINOTE (SILICATE DE CHAUX, DE MAGNÉSIE ET DE FER).

Actinote d'Haüy, **Strahlstein** des Allemands, **Rayonnante**, de Saussure, etc.

La forme cristalline de l'Actinote est la même que celle de la Trémolite. Couleur verte plus ou moins foncée ; au chalumeau, l'actinote devient blanche et se fond en un émail plus ou moins grisâtre, selon la couleur ; avec le Borate de soude donne la réaction du fer.

Sa formule est $(\dot{M}g, \dot{C}a, \dot{F}e^4 \dddot{S}i^3)$,

plus ou moins d'oxyde ferreux, qui est isomorphe des autres éléments. Silice 55,50, magnésie 22,56, fer 6,25, perte au feu 1,29.

245. Actinote en petits cristaux aciculaires, dans un talc-schiste, avec un peu de quartz, île de Groix.

246. — en aiguilles très fines, avec mica, *id.*

247. — fibreuse, satinée, vert-clair, massive, *id.*

248. — fibreuse, radiée, massive, Pontivy.

On rencontre l'Actinote dans les schistes talqueux, chloritiques et micacés. C'est un des éléments constitutifs des roches dioritiques. On la trouve aussi dans les calcaires métamorphiques ; elle accompagne la Couzeranite dans les Pyrénées. On la connaît en prismes d'un beau volume à Geiner dans le Zillerthal, en Tyrol ; en grands prismes très nets d'un beau vert, dans la *Paragonite* de Sammlung, près d'Osjoligstein, lac Baïkal ; en cristaux verts groupés sur l'amphibolite de Frôland, en Norwège ; en grands cristaux avec épidote et wernérite à Arandal, en Norwège ; aciculaire, en jolies aiguilles capillaires disséminées dans un calcaire métamorphique, découverte par nous dans le cirque du Pey du Hourat (Basses-Pyrénées) ; en prismes dans le feldspath anorthite, vallée de Fassa (Tyrol) ; lamellaire vert-olive, avec grenats d'un beau volume (dodécaèdre-émarginé), bois de Bitet (Basses-Pyrénées) ; lamellaire, en masse, avec Titane ruthil à Arandal, en Norwège ; lamellaire amorphe, Oural, etc., etc. (Voir la suite de la série dans notre galerie, salle N° 4, armoire N° 102, et vitrine N° 116, salle N° 3, armoire N° 83, entièrement occupée par les spécimens rares et de luxe de la Norwège.)

HORNBLENDE (SILICATE DE CHAUX, DE MAGNÉSIE ET DE FER EN EXCÈS).

Hornblende, Augit-Spath, Basaltine, etc. (**Amphibole noir** d'Haüy.)

Prisme rhomboïdal comme la Trémolite et l'Actinote. Couleur noire, vert très foncé, presque noir ; brun quand les cristaux sont très purs, comme le sont ceux qui se trouvent dans les vacuoles d'un trachyte au roc Cuzeau, Mont-Dore, alors ils sont fortement translucides. Poussière grise ou brunâtre ; se fond assez facilement au chalumeau et donne un émail noir vert ou noir après bouillonnement ; à l'aide du Borate de soude sur la coupelle, on obtient les réactions plus ou moins fortes du fer.

$$Ca\ Si^3 + 3\ (M,\ f)\ (Si,\ Al)^2$$

d'après une analyse de la Hornblende du Vogelsberg, par Bonsdorff.

249. Hornblende en cristaux confus, dans un mica-schiste jaunâtre.

250. — lamellaire massive, Penboc'h.

251. — lamello-granulaire, *id.*

252. — en très petites lamelles avec grains de feldspath passant à une roche schistoïde, près du débarcadère de Moréac, en filons dans le granit.

253. — altérée, brun terreux, environs du dépôt des fourrages de l'artillerie, près Vannes.

L'Amphibole hornblende appartient à deux séries de formations très différentes : aux formations cristallines et aux roches ignées. C'est dans le premier cas, ainsi que l'actinote, un minéral excessivement répandu. Cependant les spécimens qui montrent des cristaux bien nettement formés dans la série des roches *cristallines,* sont rares. Dans notre galerie, salle N° 4, où le groupe des Amphiboles est représenté par 82 échantillons, on ne peut observer que des spécimens encore en prismes non terminés ; l'un récolté par nous au pic d'Eredlitz, avec quelques grenats mélanites ; l'autre dans un mica-schiste talqueux vient du Saint-Gothard ; puis en cristaux confus et mal formés, dans un calcaire noir métamorphique des Pyrénées, au pic de Sahün, versant Espagnol, etc. ; mais, dans les roches volcaniques, la Hornblende en cristaux terminés est plus commune ; on la connaît au cap de Gates, en Espagne ; à Kostenblatt, en Bohême ; au Vésuve ; à Carboneïra en Espagne, etc... (Voir, pour un examen plus étendu du groupe des Amphiboles, notre galerie, salle N° 4, vitrine et armoire N°s 101 et 116, salle N° 3, vitrine N° 73.)

GROUPE DES PYROXÈNES.

Silicate de chaux et ses isomorphes (Ca, Mg, Fe, Mn, etc.)

Toutes les espèces de ce groupe appartiennent au même type cristallin : le prisme oblique rhomboïdal de 87°,5'.

DIOPSIDE.

Mussite, Malacolite, Baïkalite, etc.

Substance transparente ou translucide; insoluble dans les acides; poussière grise ou blanche; éclat vitreux dans les échantillons cristallisés; fusible en un verre blanc ou grisâtre; couleur, depuis le blanc jusqu'au vert-olive. Sa formule est :

$$(\dot{Ca}\,\dot{Mg})^3\,Si^2 = \text{Silice } 55{,}49,\ \text{chaux } 25{,}87,\ \text{magnésie } 18{,}70.$$

254. Pyroxène (Diopside) vert, laminaire, en grains dans une roche plagioklasique, Roguédas.

255. — vert, en grandes lames dans une roche plagioklasique, Roguédas.

Nous n'avons présentement de ce groupe dans le Morbihan, que le Diopside seulement à décrire entre les minéraux de cette famille.

Ainsi que les Amphiboles, il en existe de blancs, de verts et de noirs. Comme le groupe précédent, les Pyroxènes se montrent dans des roches très différentes, savoir : 1° dans les roches cristallines et métamorphiques; 2° dans les roches ignées et volcaniques. Alors le Pyroxène est le plus souvent noir (Augit); cependant il existe des cristaux vert-olive dans les druses des blocs de la Somma.

Le Diopside se trouve dans la vallée Ala (Piémont); Fassa (Tyrol); à la Somma, au Vésuve. En cristaux verts jaunâtres, à Arandal, en Norwège; au lac Baïkal, en Sibérie; à Sahla, en Suède. Dans le calcaire métamorphique, au Pic de la Habana (Aragon). Lamellaire, vert grisâtre, massif, reconnu par nous au Pic du midi de Bigorre, etc., etc. Malacolite, à Allochet (Piémont), etc. Quelquefois le Pyroxène passe, par altération, à la Diallage.

Sous-Variété des Diopsides.

PYROXÈNE, DIALLAGE.

M. Watmann Cross, dans son étude sur les roches de Bretagne (1), fait remarquer que le Pyroxène qui entre pour une somme considérable dans la roche de Roguédas, passe, par voie d'altération, à une

(1) Analyse et traduction des études de M. Watmann Cross sur les roches de Bretagne, par M. Barrois, page 3. (Extrait des annales de la Société Géologique du Nord.)

substance voisine de la Diallage. Voici ce qu'en dit la traduction de cette étude : « Le Pyroxène est en grains irréguliers de 1 à 3^{mm}, vert-grisâtre, présentant 2 clivages faciles suivant les faces du prisme et une division lamellaire suivant l'Orthopinakoïde, rappelant celle de la Diallage. Il passe quelquefois à la Hornblende par décomposition. »

Écoutons maintenant M. Descloizeaux. Le savant membre de l'Institut et professeur de minéralogie au Muséum, dit, dans son manuel de Minéralogie, page 57, article *Diallage :* « Masses laminaires isomorphes avec le Diopside, mais un peu plus riches en oxyde ferreux et en alumine » ..... « au chalumeau, fond facilement en émail gris ou vert. Inattaquable par les acides. »

Dans les collections de l'École des Mines, la *Diallage* est placée comme une sous-variété de l'espèce *Diopside.* Nous pensons ne pouvoir faire mieux que de nous conformer à l'avis des hautes notabilités minéralogiques.

256. Pyroxène diallagique d'un vert jaunâtre avec grenat, roche de Roguédas.

257. — lamellaire vert, massif, roche de Roguédas.

258. — granulaire massif, d'un vert noirâtre, roche de Roguédas.

259. — échantillon poli, identique à certaines haches trouvées dans les monuments mégalitiques de Tumiac, Mont-Saint-Michel, Mané-er-Hroëck, conservées au musée de Vannes sous le nom de Chloro-mélanite comme matière (1).

GLAUCOPHANE (SILICATE D'ALUMINE, DE FER, DE SOUDE ET DE MAGNÉSIE).

La Glaucophane cristallise dans le système du prisme droit rhomboïdal; sa cassure est conchoïdale, son éclat est vitro-nacré, et le facies général se rapprocherait de celui de l'Amphibole hornblende, sauf une couleur bleue noire foncée ; et, toujours à une lumière un peu vive, quelques reflets bleu de saphir, par-ci par-là visibles à la loupe. Le clivage est encore un caractère distinctif, ainsi que la poussière qui est d'un bleu gris sale pour la Glaucophane, d'un brun

(1) On peut voir dans notre galerie le résultat comparatif obtenu au chalumeau : deux globules, montés et collés sur deux aiguilles, dans un tube de verre. Le N° 1 est une perle obtenue d'un fragment de Chloromélanite bien authentiquement étiqueté. Le N° 2 est une perle obtenue d'un fragment de la roche Pyroxéno-Plagioklasique de Roguédas. Les deux résultats sont tellement identiques, que si je n'avais eu la précaution de les numéroter, nous ne les reconnaîtrions pas nous-même.

tirant sur la couleur du bitume pour l'Amphibole hornblende. Au chalumeau on obtient, sur la pince de platine, une perle vert-olive, qui plus tard devient gris de cendre. (Voir le spécimen d'essai dans notre galerie.)

Selon Schnedermann, la formule est 3 Na^2 Si O^3 + 6 R Si O^3 + 3 (Al^2) Si^3 O^9 + (Fe^2) Si^3 O^9 = 57,81 de silice, 12,03 alumine, 2,17 oxydule de fer, 13,07 magnésie, 2,20 chaux, 7,33 soude.

Au microscope polarisant, avec un seul nicol, selon le petit axe de ce nicol, la couleur du minéral est bleue, si l'allongement du fragment se trouve parallèle à cette ligne ; dans l'autre cas de l'allongement du fragment parallèle à la ligne du grand axe du nicol, la couleur est violette (1). Des parcelles de la Glaucophane de Brozzo, vallée d'Aoste (Piémont), observées dans les mêmes conditions, nous ont produit des phénomènes identiques. Donc ce minéral est Dicroïte.

A — Glaucophane lamellaire, clivable, en cristaux confus, avec mica et épidote grenu semblable, au premier coup d'œil, à de l'Amphibole hornblende, mais, sous la loupe, montrant sur le bord des cristaux, sur les points translucides, une couleur bleue de saphir. Anse et pointe des Chats (île de Groix).

C — Glaucophane en petits prismes aciculaires d'un bleu foncé, dans un mica-schiste avec de gros grenats, île de Groix.

D — Glaucophane fibro-aciculaire, avec mica, île de Groix.

E — Glaucophane fibreuse, massive, en fibres contournées autour de cristaux amorphes de grenat, île de Groix (roche voisine de celle de Syra, en Grèce, employée dans l'île pour empierrer les chemins).

La Glaucophane est une substance minérale qui n'est connue encore que dans un nombre très limité de gisements. Elle est citée à Syra, en Grèce, comme en Bretagne, associée aux grenats dans un mica-schiste ; à Zermat, en Suisse, dans le gneiss ; à Brozzo et Locano, vallée d'Aoste (Piémont), etc., etc.

WOLLASTONITE (SILICATE DE CHAUX).

Tafelspath, Tabular spar, Schalstein de Werner, etc.

Prisme oblique rhomboïdal de 95°,35'. Se fond difficilement ; après un coup de feu assez prolongé, on obtient un verre blanc-laiteux demi-transparent. Se fond sur la coupelle avec le sel de phosphore, en laissant un squelette de silice ; la poussière est blanche ; elle fait

(1) ..... « mais, dès maintenant, je crois pouvoir affirmer que le minéral bleu est bien de la Glaucophane... » (Extrait d'une lettre en accusé de réception d'un envoi de minéraux, écrite par M. Fouqué, membre de l'Institut et professeur au Collège de France, à la date du 27 octobre 1883.)

gelée avec l'acide chlorhydrique. Couleur claire, blanche, grise, etc. Éclat satiné et soyeux, presque toujours plus ou moins fibreux.

Formule Ca $\dddot{Si}$. Silice 51,73, chaux 48,27.

260. Wollastonite blanche, en fibres soyeuses entrelacées, avec petits grains de pyroxène vert-grisâtre, rocher de Roguédas.

261. — blanche, fibreuse, avec pyroxène vert-grisâtre, en grains et grenat amorphe, dans une roche plagioklasique, rocher de Roguédas.

Au nombre des substances que l'on ne pouvait guère s'attendre à rencontrer dans le Morbihan, il faut compter la Wollastonite. Depuis longtemps nous l'avions cependant reconnue, mais sans trop nous rendre compte de sa génèse. Lors du voyage de M. Watmann Cross en Bretagne, nous la lui avons fait voir en place (1). Dans son étude sur les roches de Bretagne, il l'a examinée soigneusement. Nous reproduisons ici la traduction du texte allemand, publié dans les Mittheilungen de Tschermack, par le professeur de géologie et de minéralogie, M. Barois (2)..... « La formation de la Wollastonite aux » dépens des feldspaths Trikliniques a été étudiée avec soin. Les » feldspaths présentant un commencement de décomposition sont » troubles et paraissent au microscope remplis de petites aiguilles » cristallines ; la plupart de ces petites aiguilles se résolvent à un plus » fort grossissement en des files alignées d'inclusions liquides. Dans » les parties décomposées, ces files d'inclusions sont remplacées par » de véritables aiguilles de substance solide, qui paraissent saupoudrées » de globules infiniment petits, que M. Cross considère comme un » stade avancé de décomposition.

» L'origine secondaire de ces inclusions alignées est rendue évidente » par leur absence complète chez les plagioklases frais, non décomposés, ainsi que par leur apparition dans quelques cristaux en » décomposition. Le nombre des aiguilles devient de plus en plus » considérable dans les feldspaths plagioklases à mesure que la décom- » position est plus avancée ; elles finissent par former, par leur accu- » mulation, une masse fibreuse, entrelacée, qui est la Wollastonite, » etc., etc. »

Si nous avons tenu à reproduire in extenso cette traduction des études faites par le docteur Watmann Cross, c'est par suite de son importance au point de vue du changement complet d'une espèce mi-

(1) « Dass diese fascerige, substance Wollastonit sei hat der Cte de Limur, langst » schon wermuthet und an Herrn Prof[r] Zirkel, mitgetheilt (studien über Bretonische » gestein. » *Édition allemande.*)

(2) Extrait des Annales de la Société géologique du Nord, séance du 30 mars 1881.

nérale qui, à première inspection, semblerait devoir être absolument fixe en un nouveau minéral tout différent. Cela nous montre, prise sur le fait, l'action des phénomènes du métamorphisme produisant la décomposition d'une première substance et donnant naissance à une seconde toute différente.

On peut voir dans notre galerie, salle N° 4, armoire N° 2, des spécimens de Wollastonite, étrangers à la Bretagne, qui montrent des associations minéralogiques voisines de celles de Roguédas. Wollastonite blanche, satinée, avec pyroxène en grains verts-grisâtres et grenats, découverte par M. Gourdon, près du village d'Aulon, vallée de Lavédan ; ici, elle est dans un calcaire métamorphique ; blanche, lamellaire massive avec pyroxène, en petits grains verts et grenat, d'Oziktowa, Bohême ; blanche, lamellaire, aussi avec petits grains de pyroxène et grenat colophonite brun, Auërbach in Berghasse ; la même dans un calcaire en houppes radiées, Tshiklowa, en Hongrie ; cristallisée, excessivement rare, avec idocrase, La Somma, au Vésuve ; lamellaire, grise avec pyroxène noir, Vésuve, etc., etc. (Voir notre galerie, salle N° 4, armoire 98, et salle N° 3, vitrine 73.)

GROUPE DES FELDSPATHS.

SILICATES D'ALUMINE ET DE POTASSE.

ORTHOSE.

Orthose, Feldspath de Werner, **Feldspath** (Werner et Haüy), **Orthoclase, feldspar.**

Prisme oblique rhomboïdal de 118°,48' ; difficilement fusible en un verre bulleux ; insoluble dans les acides. Clivage facile et *à angles droits ;* étincelle au briquet ; rayant le verre ; blanc, blanc-jaunâtre, gris, etc. L'Orthose, souvent cristallisé, se montre encore plus fréquent en masse laminaire, lamellaire, granulaire ou compacte (*alors c'est le Pétrosilex*) ; c'est un des éléments importants des granites.

Sa formule est $\dot{K}\,\dddot{Si} + \dddot{Al}\,\dddot{Si}^3$.

Silice 64,62, alumine 18,49, potasse 16,89.

262. Orthose cristallisé, dans les druses d'un gneiss, tranchée du Vincin.

263. — cristallisé, Luscanen.

264. — laminaire, gris, Moréac.

265. — laminaire, gris, vallée de l'Ével.

266. Orthose lamellaire, rose, Billiers (en filons et en dickes dans les diorites).

267. — gris avec quartz (*granite graphique*), environs de Muzillac.

268. — clivé, montrant les angles droits du clivage pour comparaison avec ceux de la mikrokline.

269. — compact (Halleflinta des Suédois).

Les localités les plus célèbres et qui fournissent les plus remarquables cristaux appartiennent à deux genres de formation : les terrains de cristallisation et les roches ignées. Il entre, comme nous l'avons déjà remarqué, dans les granites, les syenites, etc. ; il forme à lui seul le weisstein ; avec l'addition des petits grains de quartz, il sert de base à certains porphyres ; il se trouve aussi en cristaux plus ou moins altérés. Nous ne noterons comme types comparatifs aux feldspaths Orthoses du Morbihan, que les gisements où cette espèce se montre dans les terrains primaires : bien cristallisée, Alpes-Sponsa, Tessin ; Saint-Gothard, île d'Elbe ; baie de Loc'h-Tudy (Finistère) ; Sibérie, en gigantesque cristaux avec tourmaline verte, à Arandal en Norwège ; Striegaw (Silésie) ; lac Baveno ; dans la gangue et en cristaux isolés, Pont-Percé (Orne), l'Étang en Auvergne, etc. (Salle N° 4, armoire 114 et vitrine 116.)

FELDSPATHS (DU SIXIÈME SYSTÈME CRISTALLIN).

(PRISME DOUBLEMENT OBLIQUE OU TRIKLINIQUE).

Les cinq espèces sont : la Mikrokline, l'Albite, l'Anorthite, l'Oligoklase ou (*Kalknatronfeldspath und Natronkalkfeldspath* des Allemands), le Labradorite.

MIKROKLINE.

Mikroklin, **Mikrokline** de Breithaupt, etc.

Au premier coup d'œil cette substance serait très facilement confondue avec l'Orthose dont elle a tout le facies ; aussi c'est ce qui est arrivé aux anciens minéralogistes. Ce n'est que par suite de l'examen optique, que l'on a été conduit à reconnaître qu'il existait une différence de système cristallin ; quand aux autres caractères, ce sont les mêmes que ceux de l'Orthoclase.

270. Mikrokline clivée, pour montrer le solide de clivage qui diffère entièrement de celui de l'Orthose N° 268, baie de Roguédas.

271. Mikrokline clivable, jaunâtre, anse de Moréac.

272. — clivable, translucide avec mica noir, falaises de la côte d'Arradon.

273. — polie, chatoyante, falaises de la côte d'Arradon.

274. — rose, près l'extrémité de la jetée du port de Vannes.

La Mikrokline n'est pas des plus rares dans le Morbihan ; elle entre comme principe constitutif dans certains granites, et même forme des veines et de petits filons dans notre golfe. A l'étranger ou même en France, on la connaît bien cristallisée ; à Confolens (Charente), verte amazonite, à Pikes-Peack Collorado (États-Unis) ; laminaire à Frédesrischwaren, à Buoën près d'Arandal, à la mine de Forbiornsbo près d'Arandal, en Norwège ; à Skogbole et Ytterby, en Suède ; verte laminaire dans le granite à Tschebarkül, *est* du lac Ilmen, etc., etc. ; en grands cristaux et en larges lames à Aschaffenbourg, en Bavière (don de M. le professeur Sandberger), etc., etc. (Voir, pour ces échantillons, notre galerie, salle N° 4, armoire 114, et salle N° 3, vitrine 73.

ALBITE (SILICATE D'ALUMINE ET DE SOUDE).

Cleavelandite, Péricline, Krumbladig fältspat, Kiéselspath, etc.

Prisme doublement oblique ou triklinique de 120,47' ; dureté semblable à celle de l'Orthose ; raye facilement le verre ; étincelle au briquet. Les cristaux sont généralement de couleur claire, sauf cependant une variété reconnue en place par nous au Mont-Cau, cirque du Pey de Hourat, qui est noir. Difficilement fusible en émail à la flamme du chalumeau ; éclat vitreux. Un des caractères remarquable de l'Albite, c'est la conséquence d'une hémitropie qui donne lieu à un angle rentrant, espèce de gouttière. Les cristaux d'Albite sont très souvent maclés ; inattaquables aux acides.

Formule : $\dddot{Al}\,Si^3 + \dot{Na}\,\dddot{Si}$. Silice 68,57, alumine 19,62, soude 11,81.

275. Albite cristallisé, en petits cristaux remarquablement nets, sur un talc-schiste, Belle-Ile-en-Mer.

276. — en très grands cristaux verdâtres, un peu frustes, dans une roche chloriteuse, île de Groix.

277. — jaunâtre, en cristaux confus, Billiers.

278. — cristallisé en prismes, *id.*

279. — lamellaire verdâtre, avec fer oxydulé octaèdre et quartz gras, dans une roche chloriteuse, île de Groix.

L'Albite forme de petits filons dans les roches cristallines ; il est souvent disséminé dans les granites. Les porphyres souvent, et les diorites en général sont des roches albitiques. Hors du Morbihan, les cristaux les plus complets se trouvent dans l'Isère; au Saint-Gothard; dans la Tarentaise, au val de Medols; avec épidote et sphène jaune (Grisons), dans la vallée de Pfitsch (Tyrol); à Haddam dans le Connecticut; laminaire avec tourmalines vertes et mica lépidolithe dans le Massachusset (États-Unis), etc., etc. (Voir notre galerie, salle N° 4, armoire 111, et salle N° 3, vitrine 73.

OLIGOCLASE (SILICATE D'ALUMINE DE SOUDE ET SES ISOMORPHES).

Natron Spodumen, Kalknatronfeldspath und Natronkalkfedspath.

Plagioklase, quand il est compacte ou finement grenu, à cassure écailleuse.

Comme l'Albite, la forme cristalline de l'Oligoclase est triklinique; dureté semblable, rayant le verre, rayé par le quartz; fusible en émail blanc avec autant de difficulté que les précédents; il est inattaquable aux acides. Quand ce minéral est en masses lamelleuses, *la plupart sont striées par des lignes fines, mais toujours très visibles,* produites par des séries de gouttières, indices de macle, ainsi que cela se voit pour le labradorite; mais le labradorite est soluble dans les acides, ou au moins très fortement attaquable; ce fait seul est suffisant pour le reconnaître du précédent sur lequel les acides sont sans action. Les cristaux d'Oligoclase sont assez rares, et sa formule est

$$3\ Al\ Si^2 + (Na,\ K\ Ca)\ Si^3.$$

Silice 62,06, alumine 23,69, soude et chaux 14,25 (analyse citée par Pisani).

280. Oligoclase cristallisé. Groupe de cristaux trouvés dans une druse. Variété N° 137 de l'atlas des figures du manuel de M. Descloizeaux, baie de Penboc'h.

281. — jaunâtre, cristallisé, avec Biotite. Les stries indiquées plus haut sont remarquablement visibles, pointe entre les baies de Penboc'h et de Kervoyer.

282. — cristallisé, identique comme formes cristallines et comme couleur à celui de la baie de la Madeleine, en Norwège; dans les druses d'une roche dioritique, falaises de Billiers.

283. — en grands cristaux, avec entre eux de plus petits, très nets; les lames montrent les stries caractéristiques, île de Groix.

284. — massif, cristallin, lamellaire, avec stries, île de Groix.

285. Plagioclase massif, lamello-granulaire, vert-olive, rocher de Roguédas.

286. — compacte, blanc, avec pyroxène, laminaire, vert-grisâtre, en petits grains, rocher de Roguédas.

287. — compacte, blanc, avec pyroxène en grains ou en lamelles, vert-grisâtre et idocrase brune amorphe, (Jade-Breton), rochers de Roguédas.

Au nombre des roches intéressantes que renferment les gneis cristallins de notre département, parmi celles à éléments feldspathiques, il se trouve dans la baie de Roguédas, golfe du Morbihan, des filons typiques (*Typisch-Gestein, roche ou pierre typique*), selon le docteur Watmann Cross, et dont il a fait une étude détaillée, non à l'aide du pilon et du mortier du chimiste, qui, alors que l'on a affaire à une roche composée d'éléments très petits, de nature différente, mélangés, tous ensemble indistinctement, de manière à ne donner qu'une somme générale, par exemple de silice; celle propre du feldspath, au mica, au quartz, trois minéraux différents dont la réunion forme le granite, etc., etc., mais à l'aide des lames minces, qui ne détruisent en rien les éléments constitutifs divers de la roche et les laissent tels qu'ils existent dans le spécimen.

Il a nommé cette roche *Plagioklas-Pyroxen-Gestein;* elle est constituée par du Feldspath Plagioclase; des grains disséminés de pyroxène d'un vert-grisâtre : puis, comme minéraux accidentels on y trouve le Titanit (sphène), l'idocrase brune, le grenat et un autre minéral fort curieux par son origine, la Wollastonite, dont nous avons décrit la formation à l'article de cette substance, qui est due à l'altération du Plagioclase; probablement mélangé à un peu de Labradorite, lui aussi un des membres de ce groupe des feldspaths trikliniques.

Cette roche ne semblerait pas avoir été inconnue aux populations anti-historiques ; on trouve parfois des haches en pierre, faites avec une matière semblable, dans des fouilles de nos monuments mégalitiques.

Un bijoutier de notre ville fabrique, avec cette roche de Plagioclase Pyroxénifère, sous le nom de *Jade-Breton*, des petits objets de luxe qu'il vend fort cher, vu sa dureté et la difficulté de le polir.

La désignation de jade a été appliquée à des matières compactes et tenaces, de nature diverses; c'est une désignation générale, tout comme le mot porphyre ou granite. Il existe des porphyres *Orthosifères* quand la roche compacte est à base d'*Orthose*, tout comme *Albitifères*, *Labradorifères*, *Oligoclasifères*, etc.

De même est la roche Trémolitique compacte Jade *Oriental*.
— le magma feldspathique....... Jade *de Saussure*, etc.
— le magma Plagioclasique Pyroxénifère................. Jade *Breton*, etc.

Dans son traité de minéralogie, page 168, Pisani consacre quelques lignes à un minéral, la Jadéïte, dont l'étymologie du nom rappelle le Jade, et place cette matière à la suite du groupe des Wernerites (1). Il en donne une analyse; puis, à la suite, comme sous-variété, il note la Chloromélanite. Nous allons, au sujet de la Jadéïte, rapporter plus loin les appréciations des savants d'une notoriété établie sans conteste.

Toujours on considère un minéral comme une espèce bien définie, celui dont on connaît des cristaux, ou qui, s'il est amorphe, semble au moins être pur et n'être pas un composé de minéraux à l'état de mélange. Dans ce cas, s'il n'est pas encore connu sous une forme cristalline régulière, il se montre clivable et permet de reconnaître un solide amenant à une forme géométrique.

La Jadéite n'est jamais cristallisée, ni même lamellaire, avec une disposition à un clivage d'aucune nature. Nulle collection, du moins à notre connaissance, ne peut en montrer un spécimen dans l'une ou l'autre de ces conditions. Elle est compacte, à cassure écailleuse ou finement lamellaire, comme toutes les substances ou magmas de composition impure; comme est, par exemple, ce feldspath compact, à cassure écailleuse (le *Halleflinta* des Danois), que M. Sterry Hunt considère comme un gneiss insuffisamment développé (2). Nous citons cette roche par la raison qu'elle existe en filons ou plutôt en dickes puissants dans le Morbihan (voir le N° 269 des échantillons décrits).

Maintenant voyons les opinions de quelques auteurs.

Parlant des haches en pierres, M. Desor (3), après avoir rapporté une communication de M. de Fellenberg à la séance du 24 juin 1865 de la Société des Sciences naturelles de Berne (4) « dans laquelle ce savant » chimiste rend compte d'une série d'analyses qu'il vient de faire sur » cinq fragments de haches en pierre, les N°s 1, 2, 3 et 5 qui ont à » peu près la même composition, tandis que le N° 4 de Moosseldorf » correspondrait au Jade vert ou Jadéite de M. Damour. Il représen- » terait un nouveau Bisilicate dans le groupe des Feldspaths, ou Silicate » d'alumine alcalin, voisin, à bien des égards, de l'Oligoklase. » M. Pisani (5) place cette matière (la Jadéite), à la suite des Wernérites. Ainsi que l'a fait observer M. Sterry Hunt (6), la Jadéite, par sa dureté, par sa densité et ses caractères chimiques, est très éloignée des Wer-

(1) *Traité élémentaire de minéralogie.* — Paris, Masson, éditeur.

(2) Compte-rendu sommaire des séances de la Société Géologique de France, séance du 7 novembre 1881.

(3) Les Palafittes, par M. Desor, page 27.

(4) Mittheilungen der Bernischen Naturforschienden Gesellschaft. 1865, pages 112 et 113.

(5) Pisani, Traité élémentaire de minéralogie.

(6) Comptes-rendus de l'Académie des Sciences, 1er semestre 1863, pages 1255 et 1257.

nérites, et cet auteur pense qu'il faut la ranger dans le groupe des Épidotes et des Zoïsites.

Dana, dans un important mémoire sur la Lithologie (1), a réuni des analyses dans un tableau méthodique et remarqué ; que certaines Saussurites se rapprochent, par leur composition, des Anorthides ; d'autres se rapprochent davantage des Labradorites ; et, enfin, les Jadéites qui formeraient alors une troisième série de variétés se rapprochant surtout des Oligoklases. (Voir les analyses rapportées plus loin.)

Donc, suivant Dana, les Saussurites ne font pas une espèce, mais un groupe d'espèce, composé jusqu'ici de quatre variétés.

1° Saussurites du lac de Genève, à laquelle il conserve le nom de Saussurite, se rapportant à l'Anorthite.

2° Saussurite du mont Genèvre, pour laquelle il propose le nom de *Genèvrite*, se rapportant au Labradorite.

3° Saussurite de la variété dite *Judéite*, se rapportant à l'Oligoklase. (Voir le tableau des analyses ci-joint.)

Enfin un 4e groupe, Saussurites se rapportant à l'Anorthite et voisines de la Zoïsite.

Avec cette classification, qui est très simple, on se rend parfaitement compte des compositions minérales des variétés citées. On s'explique aisément pourquoi les Saussurites non sodifères sont moins fusibles que les Jadéites qui sont plus riches en soude (l'Oligoklase en contenant 8,80).

Dana fait observer que la pâte des Euphotides n'est pas toujours de la Saussurite, mais est parfois un Labrador compacte d'une densité plus faible que la Saussurite. Il ajoute que l'on a rencontré de nombreux exemples du passage du Labrador à la Saussurite, et, de là, il part pour émettre l'hypothèse que les quatre variétés de Saussurites ne sont autre chose que des feldspaths métamorphisés par suites de phénomènes géologiques. Selon lui ces feldspaths auraient subi une transformation moléculaire, qui a changé leur caractère cristallin et leur densité ; supposition que viendrait confirmer le passage du plagioklase, non en un autre feldspath triklinique, mais en un minéral absolument étranger à ce groupe, comme est la Wollastonite de Roguédas, phénomène si bien étudié par M. le docteur Cross (2), ou bien encore l'Ouralite, offrant la combinaison des formes de l'Augit et les clivages de l'Amphibole, etc., etc.

Cette opinion que la Jadéite serait une Saussurite est encore exprimée aussi par le célèbre professeur de l'université de Leipzig, M. Zirkel, dans son manuel für minéralogie.

(1) American Journal of Sciences and Arts, 2e semestre de 1878, pages 340 à 342.

(2) Studien uber Bretoniche Gestein.

Composition théorique des Feldspaths

D'où dérivent les minéraux du groupe des Saussurites, et analyses de ces minéraux groupés d'après la composition des Feldspaths auxquels ils se rattachent. — D'après DANA.

	PROVENANCES.	DENSITÉ.	SILICE.	ALUMINE	PEROXYDE de fer.	PROTOXYDE de fer.	OXYDES divers.	MAGNÉSIE.	CHAUX.	SOUDE.	POTASSE.	PERTE au feu.	TOTAUX.
3e groupe. Saussurites se rapportant à l'oligoklase. Suivant M. Dana, ce serait la Jadéite.	Jadéite rouge Chine par (Eckstein).	3,3456	60,22	22,58	»	1,59	Mn O 0,65	1,15	1,53	12,60	»	0,11	100,70
	Jadéite vert émer^de^ de Chine (Damour).	3,330	59,66	22,86	»	0,42	$Cr^2 O^3$ 0,14	2,41	2,27	12,87	»	»	100,63
	Jadéite, de la Chine (Damour).	3,33 à 3,35	59,17	22,58	»	1,15	»	1,15	2,68	12,93	traces	»	100,07
	Jadéite du Thibet (par Fellemberg).	3,25	58,28	23,00	»	4,94	Mn O traces	1,04	3,06	9,23	traces	«	99,55
	Jadéite du Morbihan (par Damour).	3,344	58,62	21,78	»	1,86	Mn O 0,28	2,23	3,85	11,64	»	»	100,25
	Jadéite de la forêt de Sénart (Damour).	3,352	58,92	18,98	»	0,98	»	4,33	6,04	11,15	»	»	100,30
	Jadéide de Suisse (par Fellemberg).	3,32	58,89	22,40	»	1,28	Zn O 0,73	1,28	3,12	12,86	0,49	0,49	101,25
	Jadéite de Suisse (par Fellemberg).	3,2978	58,28	21,86	»	2,41	Mn O 0,22	1,99	2,53	13,97	»	»	101,26

« Hierher mag auch der Jadeit *Damour's* gestellt werden, welcher » einen Theil des Nephrits ausmacht, nämlich diejenigen sog. Nephrite, » welche sich durch Thonerde- und Natrongehalt auszeichnen. Derbe » Massen von splitterigem Bruch; H. = 6,5...7, grösser als die des » übrigen eigentlichen Nephrits; G. = 3,20...3,4, höher als das des » letztern; durchscheinend, geringer Glasglanz, manchmal perlmutter- » artig; apfel- bis smaragdgrün, bläulichgrün, grünlichweiss. Eine der » zahlreichen Analysen von *Fellenberg* und *Damour* ergab : 58,92 » Kieselsäure, 18,98 Thonerde, 0,98 Eisenoxydul, 6,04 Kalk, 4,33 » Magnesia, 11,05 Natron *(Damour)*, also sehr abweichend von den » übrigen Nephriten. V. d. L. leicht schmelzbar zu halbklarem Glas; » dünne Splitter werden mit Kobaltsolution bei starkem Erhitzen schön » blau. Als Steinbeile verarbeitet exotisch in Schweizz pfahlbauten » und in Südfrankreich. » (Article *Saussurite, Jade,* page 654. Elemente der mineralogie von F. Naumann. Zehnte, Ganzlich Neubearbeitete auflage von F. Zirkel. — Leipzig. 1877.)

La Jadéite n'est pas cristallisée, et les divers échantillons que l'on en montre ne sont pas absolument purs. En général, cependant, si l'on considérait la belle jadéite verte de Chine comme étant un minéral ou une roche à part, il n'en serait peut-être pas de même des *jadéites* que l'on trouve sous forme de haches en Europe. Pour terminer nos citations, citons quelques lignes d'un mémoire de M. Damour. Il fait connaître que c'est moins une espèce qu'un mélange. « Il est à » considérer que la matière des haches est rarement d'une pureté » absolue, et que, sur bien des échantillons, elle constitue non une » espèce simple, mais plutôt un mélange de divers éléments dans » lesquels la Jadéite paraît entrer pour une plus ou moins forte pro- » portion. Les matières mélangées peuvent appartenir à des minéraux » de la famille des Épidotes ou des Pyroxènes isomorphes de la Jadéite » et d'une densité à peu près égale; car, dans le cas où il y aurait » mélange de minéraux feldspathiques, la densité serait notablement » plus faible » (1).

Les nombreux documents que nous avons extraits de notices publiées par des savants d'une valeur incontestée, tels que le professeur Dana, de Yale Collège, M. Sterry Hunt LL. D. F. R. S., le professeur Zirkel, de l'Université de Leipzig, le docteur Cross, M. Desor, etc., qui nous sembleraient être d'une certaine importance, autoriseraient peut-être un modeste ramasseur de cailloux, cantonné au fond des landes de la Basse-Bretagne, tout au plus de force à confondre un moineau avec un rossignol, une rose avec un œillet, ou peut-être même, par aventure, un grenat avec un rubis, à s'en rapporter aux observations et aux

(1) Comptes-rendus des séances de l'Académie des Sciences, tome LXI. Séances des 21 et 28 août 1865.

remarques de M. le professeur Dana qui place la *Jadéite* non comme une espèce, mais comme un magma ayant pour base l'Oligoklase, *Kalknatronfeldspath* de M. Zirkel, roche de *Plagioklas gestein* de M. le docteur Cross.

288. C'est un socle portant un tube en verre. Dans les deux extrémités de ce tube sont montées deux perles obtenues au chalumeau, et placées en regard l'une de l'autre à l'extrémité de petites tiges de cuivre. — A. Globule obtenu avec une esquille de la roche de Roguédas. — B. Globule obtenu dans les mêmes conditions avec l'esquille d'une hache (Jadéite). On peut observer que non seulement les résultats sont les mêmes, mais si nous ne les avions mis à part et notés, il nous aurait été impossible de les distinguer l'un de l'autre.

CORDIÉRITE (SILICATE D'ALUMINE ET DE MAGNÉSIE).

Steinheilite, Iolithe, Dichroïte, Saphir d'eau, etc., etc.

Le système cristallin de la Cordiérite dérive d'un prisme droit rhomboïdal; rayant le verre et même faiblement le quartz; son éclat est vitreux, analogue à ce dernier. Translucide et parfois transparente, elle est dichroïte; de là le nom que lui impose quelques minéralogistes : *Dichroïte*. Toujours bleue, depuis cette teinte très faible jusqu'au bleu-noir. Certains spécimens, ceux du Groënland par exemple, sont d'un gris bleuâtre très faible. La Cordiérite est réfractaire, une esquille fond lentement sur les bords, encore après un coup de feu au chalumeau, violent et prolongé. Le verre, exempt de bulles, que l'on obtient, est transparent et affecte la même couleur que l'échantillon.

Sa formule est $3\ \mathrm{Al\ Si} + (\mathrm{Mg\ Fe})\ \mathrm{Si}^2$.

Analyse de la Cordiérite de Bodenmaïs en Bavière, par Stromeyer; silice 48,35, alumine 31,70, fer 9,27, magnésie 10,16, manganèse 0,33, perte au feu 0,59.

289. Cordiérite bleue, grenue, avec mica, en filon dans une petite carrière abandonnée, à un kilomètre du château de la Ferrière, commune de Buléon.

290. — un échantillon poli, *id.*

291. — en grains d'un gris bleuâtre, dans un gneiss avec Ilménite, baie de Salins.

Nous nous doutions depuis longtemps qu'il ne serait pas surprenant de rencontrer la Cordiérite sur un point ou un autre du Morbihan, ayant déjà trouvé en place et bien cristallisée, la Praséolite que nous allons décrire plus loin.

La Cordiérite se trouve en cristaux plus ou moins nets, en masses cristallines ou en grains engagés dans diverses roches. En cristaux à Bodenmaïs en Bavière ; au Groënland ; en Finlande ; à Ceylan (*c'est le Saphir d'eau*), etc. « Les cristaux de Cordiérite semblent avoir une » grande tendance à se décomposer, dit M. Dufrénoy ; ils donnent » naissance à une série de substances dont la plupart ont reçu des » noms particuliers et qui offrent divers degrés d'altérations, depuis » l'état vitreux jusqu'à l'état entièrement amorphe. » (Voir dans la galerie, salle No 3, vitrine 73, et salle No 4, vitrine 98, les 15 échantillons de Cordiérite de diverses contrées.

ALTÉRATIONS DE LA CORDIÉRITE.

Praséolite.

La Praséolite cristallise comme la Cordiérite en prismes à six ou à douze pans ; son éclat est gras (*Praséolite* de Brakke en Norwège ; des environs de Fougères (Ille-et-Vilaine) ; jusqu'à l'aspect terne et terreux ; se fond difficilement au chalumeau en un verre jaunâtre ; poussière d'un blanc verdâtre, rayée par une pointe d'acier.

292. Praséolite cristallisée, prismée, hexagonale ; cristal isolé, gris-verdâtre, baie de Salins, golfe du Morbihan.

293. — cristallisée et en grains amorphes dans le quartz, baie de Salins.

294. — verdâtre, cristallisée, encroûtée de mica sur et dans un quartz, baie de Salins.

295. — en grains gris-verdâtres dans le quartz, baie de Salins.

296. — en grains, à structure laminaire, gris-verdâtre dans un granite altéré (les spécimens 294 et 295 sont très voisins de la Bonsdorffite), baie de Salins.

CHLOROPHYLLITE (Selon Naumann).

Prismes semblables à ceux de la Cordiérite. Des lames de mica sont intercalées entre les strates minces ; fond difficilement au chalumeau, fragile, en masses lamellaires et cristallines.

297. Chlorophyllite laminaire, bords de l'étang de Noyalo.

298. — montrant le passage de la Praséolite à la Chlorophyllite dans le granite, baie de Conleau, golfe du Morbihan.

299. Chlorophyllite laminaire, vert-olive, dans un granite-gneiss en voie d'altération ; absolument semblable et à confondre avec la Chlorophyllite d'Haddam dans le Connecticut (États-Unis). Cette Chlorophyllite est assez abondante à la baie de Salins.

Nous réunissons, à l'exemple d'un grand nombre de minéralogistes, Descloizeaux, etc., à la Cordiérite, prise pour espèce primaire ; la Praséolite et la Chlorophyllite qui se trouvent en gisement dans le Morbihan. La Cordiérite, en dehors de notre département, a déjà été citée à son article, pour quelques gisements seulement. Voir dans notre galerie, salle N° 4, armoire N° 98, pour les autres Cordiérites, les Praséolites, les Pinites d'Auvergne ; les Pinites de Saxe ; les Giesékites ; les Gigantolites ; les Chlorophyllites de Haddam, etc., etc., les échantillons de ces diverses substances, au nombre total de 35 ; de plus, un socle portant un tube de verre contenant deux globules obtenus sur des esquilles à l'aide du chalumeau, montés sur tiges en cuivre pour montrer la similitude de celle de Haddam A, et du Morbihan B.

ÉPIDOTE (SILICATE D'ALUMINE DE CHAUX, DE FER, &c.)

Épidote, Glasiger Strahlstein, Gemeiner Thallit, Glassy Actynolyte, etc.

Forme cristalline, prisme oblique rhomboïdal de 69°,56'. Cassure inégale un peu grasse ; transparent ou translucide ; vert plus ou moins foncé, même quelquefois jaune. Fusible avec bouillonnement en une perle brune noirâtre ou même noire ; scorifiée ; insoluble dans les acides. Le plus souvent les prismes sont cannelés ou aciculaires ; rayant le verre.

$$\text{Formule : } 2\,(\dddot{\text{Al}}\ \dddot{\text{Fe}})\ \dddot{\text{Si}} + \dot{\text{Ca}}^3\ \dddot{\text{Si}}.$$

Silice 38,84, alumine 20,61, fer peroxydé 9,23, fer 2,21, chaux 25,01, magnésie 0,47, eau 2,82.

300. Épidote vert aciculaire, Anse des Chats (île de Groix).

301. — aciculaire, vert dans le quartz, avec épidote jaune grenu et Glaucophane ? cristaux, île de Groix.

302. — vert, en petits cristaux dans l'épidote grenu, Billiers.

303. — vert grenu, avec grenat amorphe, *id.*

304. — vert, grano-lamellaire massif, avec feldspath rose, *id.*

305. — massif, vert, grano-lamellaire, Anse des Chats (île de Groix.)

306. Épidote vert-jaunâtre granulaire, presque friable, avec petits cristaux en prismes hexagonaux de Glaucophane, bleu indigo, Anse des Chats (île de Groix).

307. — granulaire dans un diorite, spécimen poli, Billiers.

L'Épidote se trouve soit en cristaux, soit en baguettes ou sous la forme aciculaire, dans la plupart des roches cristallines, les diorites, les ophites des Pyrénées, les gneiss, etc.; il accompagne souvent les fers oxydulés et oligistes, l'asbeste, l'albite, les roches chloritiques, le quartz, etc. Les localités qui fournissent les échantillons les plus remarquables sont le bourg d'Oisans (Isère); les Hautes-Pyrénées; Ala (val de Lanzo); Arandal en Norwége; la vallée de Fassa; le Piémont (des cristaux dichroïtes), les Côtes-du-Nord; de grandes masses bacillaires. (On peut voir dans notre galerie un spécimen qui ne pèse pas moins de 24 kilogrammes, et aussi dans la même salle N° 4, armoire N° 96, 42 échantillons avec associations différentes ou de pays divers.)

ÉMERAUDE (SILICATE D'ALUMINE ET DE GLUCINE).

Beryll, Aigue-Marine, Smaragd.

L'Émeraude cristallise en prisme hexagonal; c'est la forme la plus ordinaire. Les cristaux d'émeraudes se clivent très facilement par un plan parallèle à la base du prisme. Dans un autre sens, la cassure est plus ou moins vitreuse, selon la pureté de l'échantillon. Elle est assez dure pour rayer le quartz; est infusible au chalumeau, mais elle devient blanche; se dissout en un verre transparent avec le borax; inattaquable aux acides. Sa formule est

$Al\ Si^3 + G\ Si^2$. Silice 66,81, alumine 19,12, glucine 14,07.

Couleur verte, vert de diverses nuances, bleue, jaune, incolore, blanche et opaque, etc., etc.

308. Émeraude prismée, transparente, hexaèdre, isolée, mine d'étain de la Villeder.

309. — prismée, dodécaèdre, transparente, la Villeder.

310. — prismée, hexaèdre, rhombifère, la Villeder.

311. — prismée, soustractive, transparente, la Villeder.

312. — prismée, isogone, transparente, la Villeder.

313. — prismée, épointée, transparente, la Villeder.

314. — prismée, transparente, la Villeder.

315. — prismée, transparente, dans un mica lamellaire, la Villeder.

316. — prismée, translucide, jaunâtre, cristaux isolés, la Villeder.

317. Émeraude prismée, bicolore, bleue à l'une des extrémités et blanche translucide à l'autre, dans le quartz fétide, la Villeder.

318. — cylindroïde, bleuâtre, dans le quartz fétide (opaque), la Villeder.

319. — bleue de lavande, opaque et satinée, cristaux isolés, la Villeder.

320. — prismée, brune, avec émeraudes en cristaux confus, la Villeder.

321. — cristallisée, prismatique, jaune de miel, avec quartz, la Villeder.

322. — prismatique, opaque ou peu translucide, dans le quartz fétide, la Villeder.

323. — en très petits cristaux, presque aciculaires, libres, groupés et terminés, la Villeder.

324. — prismée, hexaèdre, opaque, verdâtre, dans un granite avec tourmalines noires prismatiques, Kertanguy, vallée de l'Ével.

325. — prismatique, satinée, blanche, verdâtre, à couches concentriques autour du prisme, cristal isolé (rare), la Villeder.

326. — blanche, en cristallisation confuse, la Villeder.

327. — blanche, opaque, radiée, dans le quartz fétide avec étain oxydé, la Villeder.

328. — en voie d'altération, dans le quartz fétide, la Villeder.

L'Émeraude appartient aux terrains cristallins généralement granitiques et aux mica-schistes. Cependant, la belle Émeraude verte des bijoutiers existe à Muso (Nouvelle-Grenade) et à Santa-Fé de Bogota dans un calcaire; verte, dans un granite, aux monts Zabarra (Haute-Égypte) (1); on la connait en France, au Pont-Percé, dans l'Orne; à Limoges (Haute-Vienne); verte à Habachthal (Salzbourg); bleue, grands cristaux, Odun-Tschélon (Sibérie); à Ekathrimbourg, en Irlande; à Morne-Moutains; à l'île d'Elbe; à Rabenstein, en Bavière; rose radiée à Zinwald, en Saxe; etc. (Voir les 67 échantillons de notre galerie, salle N° 4, vitrines N°s 73, 96, 103 et 105.

(1) Voir l'article *Émeraude* à l'appendice.

PHÉNAKITE, SILICATE DE GLUCINE (MINÉRAL PEU COMMUN).

Phénakit, etc.

Les premiers cristaux de cette substance ont été rapportés de l'Oural. Elle a été nommée Phénakite (φέναξ, trompeur) à cause de sa ressemblance avec le quartz. Sa forme cristalline est le rhomboèdre obtus de 116°,36'. Sa cassure est conchoïdale et vitreuse, souvent inégale, transparente (la Villeder) ou translucide. Incolore, jaunâtre, etc. Absolument infusible au chalumeau ; elle est assez dure pour rayer le quartz. Insoluble dans les acides ; caractère pratique d'élimination avec le quartz. Avec la solution de cobalt, la Phénakite donne une couleur gris-bleuâtre qui ne se produit pas avec le quartz. Très fragile ; cristaux remplis de fissures dans tous les sens.

329. Phénakite cristallisée, translucide. En rhomboèdre obtus, portant l'indication de l'Équiaxe b^1 sur les arêtes culminantes ; dans les druses du grand filon de quartz fétide avec mica (cristal transparent), mine de la Villeder.

330. — cristallisée, translucide. Mêmes modifications vers l'Équiaxe b^1 ; en plus, une trace linéaire visible à la loupe, menant au prisme à 6 faces d^1 (cristal isolé et translucide), mine de la Villeder.

Les premiers cristaux de Phénakite ont été rapportés de l'Oural. Plus récemment la même substance a été retrouvée à la mine de fer de Framont, dans les Vosges. Jusqu'à ces jours, 4 gisements de cette rare et intéressante substance étaient cités : 1° dans l'Oural, dans un schiste micacé, près de Takowaïa, à 85 verstes au nord de Katharienbourg ; 2° à Framont, dans un fer oxydé ; 3° près de Miask, dans les montagnes de l'Ilmen ; 4° à Magnetberg, près de Durango, au Mexique. — Enfin dernièrement reconnue par nous à la mine de la Villeder, en Bretagne. Les spécimens trouvés jusqu'à ce jour à la mine sont au nombre de cinq : un entre les mains de l'ingénieur M. Chauvau, à la collection de cette exploitation ; un dans celles de M. Bacqua, et trois dans notre galerie, dont deux que nous venons de décrire.

A la Villeder, la Phénakite se trouve dans les poches ou druses du filon de quartz fétide ; en cristaux isolés et noyés dans un mica cristallisé si friable qu'il est fort difficile d'en conserver des échantillons. (Voir les spécimens de Framont et ceux de l'Oural, dans notre galerie, salle N° 4, vitrine N° 113.)

GROUPE DES GRENATS.

SILICATES FERRO-ALUMINEUX, DE CHAUX, MAGNÉSIE, FER ET MANGANÈSE, CHRÔME, ETC.

Les auteurs les plus connus ont ainsi établi ce groupe :

1° Le grenat de chaux ou *Grossulaire ;* 2° le grenat de fer ou *Almandin ;* 3° le grenat de manganèse ou *Spessartine ;* 4° le grenat chromifère ou *Ouwarowite*. Nous n'en connaissons pour le moment que deux espèces dans le Morbihan, les grenats *Almandins* et *Grossulaires*, encore ce dernier est-il fort rare.

GROSSULAIRE (SILICATE ALUMINO-CALCAIRE).

Essonite, Kanelstein, etc.

Le Grossulaire cristallise en dodécaèdre rhomboïdal, trapézoèdre, etc. Sa cassure est conchoïdale ou inégale; translucide, rarement transparent; son éclat est vitreux, vert, jaune foncé couleur cannelle, brun, etc.; facilement fusible au chalumeau; la perle obtenue n'est point magnétique, celle produite par un fragment d'Almandin l'est toujours, à moins que la teinte ne soit très claire; dureté semblable à celle des autres grenats. Sa composition est : silice 39,91, alumine 22,84, chaux 37,25.

331. Grenat Grossulaire jaune-brun cannelle, dodécaèdre émarginé sur une roche feldspathique avec le même grenat amorphe, falaises de Billiers.

332. — jaune-noir, dodécaèdre sur une roche schisteuse, île de Groix.

333. — brun-jaunâtre très foncé, falaises de Billiers.

GRENAT ALMANDIN (SILICATE ALUMINO-FERREUX).

Mêmes formes cristallines que les Grossulaires; également la même cassure inégale; transparent, plus ou moins translucide ou opaque; rouge, rouge-brunâtre ou brun; facilement fusible, et donne une perle noirâtre magnétique dès que la teinte devient intense. La composition de ce grenat est, suivant l'analyse de Kobell,

$$\dddot{Al}\,\dddot{S} + \dot{Fe}^3\,\dddot{Si}.$$

Silice 36,7, alumine 20,65, oxyde ferreux 43,28, l'Almandin du Zillerthal pris pour type.

334. Grenat Almandin, dodécaèdre dans l'épidote grenue, jaune-verdâtre, avec Glaucophane en petits cristaux, falaises de Groix.

335. — émarginé, passage du dodécaèdre au trapézoèdre, curviligne, avec traces des décroissements de cette première forme à la seconde, gros cristal isolé, du diamètre d'une grosse prune, Péaule, près Muzillac.

336. — trapézoèdre rouge, montrant sur toutes les faces les lames de décroissement qui ont produit le passage du dodécaèdre au tropézoèdre. (Spécimen remarquable pour l'étude), rochers du Roho, vallée de l'Ével.

337. — trapézoïdal, en cristaux groupés sur un mica-schiste, avec de grandes lames de mica blanc, rocher du Roho, vallée de l'Ével.

338. — trapézoïdal, translucide dans un mica-schiste identique à celui qui sert de gangue aux Staurotides, Le Hayo, vallée de l'Ével.

339. — trapézoèdre rouge, en cristaux groupés sur le même grenat massif, la Roche-Bernard, pas loin du pont, rive gauche.

340. — en gros cristaux trapézoïdaux groupés, montrant des stries de décroissement dans un mica blanc, lamellaire, Kerguéro, près Plumelin.

341. — gros cristal isolé, émarginé, curviligne, Péaule, près Muzillac.

342. — gros cristal grenu, mélangé de mica, en dodécaèdre confus (ce cristal est de la grosseur d'une pomme), Kerguéro, près Plumelin.

343. — gros cristal dodécaèdre, dans le granite, vallée de l'Ével.

344. — gros cristaux confus, disposition laminaire, dans un mica-schiste, avec chaux phosphatée verte, environs de Péaule, près Muzillac.

345. — cristallisé, cristaux confus dans un mica-schiste, falaises près de Port-Maria, île de Groix.

346. — en cristaux arrondis, dans la Morbihanite, baie de Penboc'h.

347. Grenat Almandin, en masses grenues, en filons, b[e] de Penboc'h.

348. — en grains roulés, dans les sables des ruisseaux conduisant au Thalweg de la vallée de l'Ével.

349. — en grains roulés, dans les sables, île de Houat.

A — Le grenat Grossulaire se trouve soit dans des gangues serpentineuses ou talqueuses, mais principalement dans les roches métamorphiques. Hors du Morbihan, le Grossulaire est connu dans les Pyrénées dans un calcaire métamorphique, où il présente ce phénomène curieux de cristaux d'Idocrase les traversant; dans un calcaire bleuâtre à Fziklowa; blanc octaèdre, très rare, n'est connu jusqu'à ce jour qu'à l'île d'Elbe; blanc, avec Préhnite de Jordansmühl, en Silésie; blanc dodécaèdre, dans une lave (don de M. de Reyneval, ambassadeur de France à Rome), Vésuve; verdâtre avec asbeste à Valais; jaune cannelle dodécaèdre, Schwarzenberg, en Saxe; jaune verdâtre, de Spielberg, au Hartz; vert dodécaèdre (isolé), banerat de Temeswar, en Hongrie; vert jaunâtre, émarginé, avec cuivre carbonaté vert (Hongrie); vert-olive, en cristaux un peu confus, Tillemarken, en Suède; rouge hyacinthe, en dodécaèdres émarginés, Kalkenstein, près de Friedberg, en Silésie (don du professeur von Lasaulx); rouge hyacinthe, dodécaèdre émarginé, avec pyroxène blanc-verdâtre, cristallisé et clinochlore, vallée d'Ala, Piémont, etc., etc. Comme types, les Grossulaires trapézoïdaux de Monzoni (blanc-verdâtre), Tyrol, et cours de la vallée du Lys (Basses-Pyrénées).

B — *Almandin*. L'Almandin est le plus abondant de tous les grenats, bien que rarement il forme des couches à lui seul. Le plus généralement il se trouve en cristaux plus ou moins bien formés, disséminés dans les formations cristallines : les Granites, les Gneiss, les Micaschistes et Talc-schistes; il est impossible de noter toutes ses localités. Les cristaux les plus remarquables par leur volume, à Falhun, en Suède; gros cristal dodécaèdre, du poids de plus d'un 1/2 kilog., à Polewokoï, dans l'Oural; grands cristaux groupés, dodécaèdres, du volume de grosses prunes; en gros cristaux dodécaèdres dans un talcschiste (découvert aux environs de Nantes, par M. Barret, de la Société de minéralogie de France); en gros cristaux isolés, très nets, de Porz-Léogan, baie du Conquet (Finistère); en grands cristaux dans un talcschistoïde jaune (dodécaèdres émarginés) du Saint-Gothard; en gros cristaux empâtés dans un talc-schiste vert, à grands éléments, du Piémont; massif, laminaire, Arandal en Norwége, laminaire avec chaux phosphatée et quartz (Norwége); dodécaèdre dans un mica-schiste vert (Schaaliger Pyrope), de Bohême; d'un beau rouge transparent, en gros grains roulés (Bohemischer ganat) (Pyrope) de Tsziblitz, en Bohême, etc., etc. (Voir, pour les spécimens de toutes les espèces du groupe des Grenats, les autres échantillons non décrits de contrées diverses, notre galerie, salle N° 4 et salle N° 3, au nombre total de 126 spécimens.)

IDOCRASE (SILICATE D'ALUMINE, DE FER & DE CHAUX.)

Vésuvian, Idokras, Hyacinthe volcanique, Vésuvienne.

L'Idocrase cristallise en prisme à base carrée; elle se montre le plus souvent en prismes octogones surmontés de pyramides à nombreuses facettes (1); quand elle n'est pas cristallisée régulièrement, en masses presque toujours bacillaires ou plus ou moins fibreuses, dans le sens parallèle à un prisme qui n'existe que trop oblitéré ; son éclat est vitreux ou plutôt résineux ; cassure imparfaitement conchoïdale et inégale ; poussière blanche ou presque blanche ; vert-pistache, vert-olive, de teintes diverses, jaune de miel, brune, presque noire, bleu de ciel (*c'est la Cyprine*). Au chalumeau elle fond, comme le grenat, en une perle brune ou jaunâtre ; rayant le verre ; très difficilement attaquable par les acides.

Sa formule est $2\,\dddot{Al}\,\dddot{Si} + 3\,(\dot{Ca}, \dot{Mg})^3\,Si$.

Analyse de l'Idocrase de Haslau, près d'Eger, en Bohême (*Égérane*) par Bammelsberg. C'est celle qui est identique à la nôtre. Silice 39,52, alumine 13,31, oxyde ferrique 8,04, chaux 35,02, magnésie 1,54, potasse 1,32 = 98,75.

350. Idocrase en prisme déformé, bacillaire, brune, avec Wollastonite blanche, grains de pyroxène vert-grenat, et grains de feldspath Plagioklase (*Jade Breton*), rocher et filons de Roguédas.

351. — brune, fibreuse (*Égérane*), rocher et filons de Roguédas.

352. — fibreuse, en masses, dans une roche plagioklasique, avec grains de pyroxène, rocher et filons de Roguédas.

353. — brune, fibreuse, dans une roche plagioklasique verte-olive (Jade Breton), roche très voisine de certaines (jadéïtes) matières constitutives de haches en pierre polie trouvées dans les grands monuments mégalithiques du Morbihan, rocher et filons de Roguédas.

354. — brune-jaunâtre, amorphe et massive, dans la roche de Roguédas.

(1) Voir les Altas cristallographiques Descloizeaux, Dufrénoy, Haüy, etc.

Comme les grenats, l'Idocrase se montre dans deux classes différentes de roches : 1° dans les roches rejetées par le Vésuve ; 2° dans les terrains métamorphiques ; enfin au conctact des granites et des Trapps aux États-Unis.

Les plus grands cristaux, d'une régularité qui ne laissent rien à désirer, qui soient dans aucune collection, sont ceux découverts par notre collègue, M. Gourdon, de la Société géologique de France, au pic de la Habana, dans l'Aragon. Ces cristaux groupés, bruns, n'ont pas moins de 5 centimètres de long sur 4 d'épaisseur, implantés sur un calcaire, idocrase quadrioctonale d'un vert bouteille, grand cristal isolé et complet d'Achtaraga, près du lac Baïkal ; en grands cristaux groupés, vert-olive (prismes octogones), Eker, en Norvége ; verte, en cristaux groupés, avec pennine, vallée d'Ala, Piémont ; vert d'herbe, en cristaux prismés, octogones, Fassa, en Tyrol ; en cristaux jaunes verdâtres groupés, Tyrol ; radiée en rosettes brunes, gouffre du pic d'Arbison, Hautes-Pyrénées (récoltée par nous) ; verte, en cocardes radiées, découverte au même pic, sur un autre versant, par M. Gourdon ; brune, cristalline, avec grenat Grossulaire et pyroxène vert, reconnue par nous au pic du midi de Bigorre ; brune, en cristaux confus, Haslau, près d'Eger, en Bohême ; dans les roches rejetées par le Vésuve, série cristallisée de toutes formes et d'associations variées ; compacte, Tyrol ; cristallisée, noire, dans la chaux sulfatée, reconnue par nous dans les gisements de Gypse de Sainte-Colombe, vallée du Lys (Basses-Pyrénées (1) ; Idocrase bleue de ciel (*Cyprine*), de Tellemarken, en Suède, etc. Pour l'étude de l'espèce Idocrase, avec les spécimens décrits, voir les autres échantillons au nombre total de 120, salle N° 3, vitrine N° 73, et salle N° 4, armoires 105, 111, 112 et 113.

GROUPE DES MICAS.

Ce groupe est composé par un grand nombre de minéraux présentant un facies similaire et un clivage qui leur permet de se laisser diviser avec facilité en lames et en feuillets excessivement minces, très flexibles et élastiques. Cependant leur composition est aussi variable que les divers types cristallins qui seraient leurs types géométriques ; car les cristaux, souvent imparfaits, rappellent tantôt les formes symétriques du rhomboèdre, tantôt celles d'un prisme rhomboïdal droit, ou encore celles d'un prisme oblique rhomboïdal.

Certains minéralogistes ont proposé trois qualifications pour distinguer entre eux ces minéraux, si divisibles en minces feuillets :

(1) Voir le bulletin de la Société de Minéralogie de France, N° 6 (9 juin 1881), page 182.

1° De nommer *Biotites* les micas d'apparence rhomboédrique ;
2° — *Phlogopites* les micas prismatiques à forme homoèdre;
3° — *Muscovites* les micas qui paraissent être des prismes dépendant du système en prisme *rhomboïdal oblique*. Mais des recherches optiques plus minutieuses ont montré que toutes ces variétés se rapporteraient peut-être bien à un *prisme droit* de 120°. La seule conclusion générale de toutes ces observations et des analyses chimiques, serait que tous les micas dont les axes optiques ne dépassent pas 20° appartiennent aux variétés (*magnésiennes* ou *Biotites*), tandis que les autres, dont l'écartement des axes se trouve entre 45° et 75°, sont des variétés riches en alumine et en *potasse*, très pauvres en *magnésie*, (les *muscovites* ou micas potassiques) ; en plus, certains autres micas contiennent de la *litine* (les *Lépidolites*), du fluor, du titane? certains micas voisins des *Lépidomelanes* qui se trouvent dans le Morbihan dont nous parlerons plus loin.

MICAS.

SILICATE FERRO-ALUMINEUX DE POTASSE, DE LITHINE, DE MAGNÉSIE, DE MANGANÈSE AVEC FLUOR, ETC. Les variétés et sous-variétés principalement distinctes : MARGARITE, ASTROPHYLLITE, FUSCHITE (de Schafhaült), LÉPIDOLITE (Lithionite), DAMOURITE, PARAGONITE, LÉPIDOMELANE? etc. Mica ferro-titanifère?

MICA.

Glimmer. Talc-Glimener de Mohs.

Prisme droit rhomboïdal de 120°. Les cristaux montrent souvent l'aspect de prismes hexagones par le développement des troncatures m et g^1. Clivage parfait et pour ainsi dire possible à la plus extrême limite suivant P. Transparent selon l'épaisseur des lames obtenues; quelquefois seulement translucide. Au microscope polarisant on voit tantôt un axe optique : c'est la *Biotite*, ou deux axes dont l'angle peut être de 0° à 76 : c'est la *Muscovite*, mica plus ou moins *potassique ;* éclat demi-métallique, blanc-grisâtre ou bronzé, plus ou moins brun ou même noir (ce sont les micas *potassiques*), d'un teinte verte plus ou moins pure jusqu'au vert noir brun, les micas magnésiens (*Biotites* et *Phlogopites*). Roses, violâtres, jaune de Naples, etc. (micas *Lithinifères* ou Lépidolites) ; ceux d'un beau vert-émeraude (micas *chromifères* ou *Fuschites*. Tous les micas se coupent au couteau, sont flexibles et élastiques. Les *Phlogopites* et les *Muscovites* sont moins facilement fusibles que les autres micas ; ceux qui sont litinifères font en fondant une tache sur la feuille de Platine.

Micas à un axe : Micas magnésiens (Biotites ou Phlogopites).

355. Mica gris foncé, en très grande lame hexagonale (essayée au microscope polarisant), dans les granites du plateau de Kerdrehel.

356. — en plus petits cristaux, hexagones, avec chaux phosphatée verte granulaire, dans un greisen, Pluméliau.

357. — laminaire, hexagonal, vert, bronzé, dans un granite, Kerhélio.

358. — brun foncé, presque noir, laminaire, en grandes lames, sans formes cristallines, Kertanguy.

359. — brun foncé, presque noir, lamellaire éclatant et massif, butte de Kérino, près Vannes.

360. — brun de tombac, massif, friable et lamellaire (gangue de l'Ilménite), baie de Salins, golfe du Morbihan.

Micas à deux axes : Micas potassiques (Muscovites).

361. Mica blanc hexagonal et foliacé, en cristaux groupés formant des masses fragiles et d'une remarquable délicatesse (c'est dans des agglomérations semblables que se trouvent les cristaux de Phénakites), dans les druses des filons de quartz, la Villeder.

362. — blanc hexagonal avec Lépidomelane, dans un granulite (Weisstein), pointe entre les baies de Kervoyer et de Roguédas.

363. — laminaire jaunâtre, vallée de l'Ével.

364. — spiciforme, à très petites lamelles, butte de Meucon.

365. — spiciforme, à plus grandes lamelles, dans un granite orthosifère, butte de Meucon.

366. — spiciforme, à très grandes lamelles disposées en épis, dans un granite orthosifère à très gros grains (en filons), butte de Meucon.

Le mica appartient à deux ou même trois classes de roches très différentes : aux terrains plutoniques, aux formations métamorphiques, et aux roches ignées; on le rencontre dans les basaltes, les trachytes, etc., etc.

Il est un des éléments des granites, des gneiss; c'est le minéral constitutif des mica-schistes; il se montre aussi dans les calcaires métamorphiques et autres roches de même nature. Dans les terrains sédimentaires, comme résultat de la décomposition des formations plus ancienne. On peut voir, pour exemples, dans notre galerie, le mica translucide vert, hexagonal, dans les druses d'une dolomie grenue du Vésuve ; vert prismé, en grands cristaux groupés, dans les druses d'une roche pyroxènique de la Somma ; vert, en grands cristaux groupés, de Zinwald, en Saxe ; vert-grisâtre, en grands cristaux maclés en rosettes, avec cuivre pyriteux ; vert prismé hexagonal, avec adulaire cristallisé et chaux phosphatée annulaire (échantillon de luxe), de Fibbia, San-Gothardo ; vert prismé hexagonal, dans une roche chloriteuse de Toaizzoni, vallée de Fassa (Tyrol) ; hexagonal vert, de Falhun, en Suède ; noir hexagonal, dans les basaltes de la Hesse ; noir hexagonal, dans la même roche, d'Auvergne ; noir, en grandes lames, massif, de Chanteloube (Haute-Vienne) ; jaune jonquille, de Ceylan ; en grands lames blanches transparentes de plus de 20 centimètres, bords du lac Baïkal (dans les granites des environs d'Irkousk) ; *idem* des environs de Calcutta, dans l'Inde ; jaunâtre bronzé aussi en lames de plus de 20 centimètres, de Burgess (États-Unis) ; blanc prismé hexagonal, dans un porphyre de Hongrie ; blanc jaunâtre prisme hexagonal, en cristaux groupés, avec orthose cristallisé, au Pont-Percé (Orne) ; jaune doré et bronzé, en lames hexagonales, dans un trachyte du riveau Grand, au Mont-Dore ; curviligne gris, prismé hexagonal, de Skogboë, en Finlande ; palmé argentin, Barèges (Pyrénées) ; blanc métalloïde argentin, absolument l'aspect d'une lame d'argent, Brésil, etc., etc.

SOUS-VARIÉTÉS DES MICAS.

Fuschite, Chromglimmer, Mica chromifère.

La Fuschite de Schafhault a le même facies que les autres micas ; elle se montre en masses écailleuses avec du quartz et du mica ; elle forme des filons à travers les gneiss ou les mica-schistes. On la connaît dans ces premières roches au Schwarzenstein et au Greiner, dans le Zillerthal ; à la Dorfner-Alp, près de Windischmatrei, et à Passeyr, dans le Tyrol ; dans la Caroline du Sud. M. Micault l'a reconnue en place dans la butte de Brandfer (Côtes-du-Nord).

367. Mica chromifère lamellaire, massif, en filons et en veines, dans un mica-schiste, côte N.-O. de Biléry (île de Groix).

Nous avions rapporté quelques échantillons de ce mica pour examiner plus à loisir, dans le laboratoire de notre galerie, ces spécimens dont une grande partie des lames nous semblaient être d'un vert trop pur et trop franc pour se rapporter aux autres micas verts. En effet, quelques parcelles broyées avec du borate de soude, le tout sur une coupelle, nous a bientôt donné, sous l'action de la flamme du chalumeau, un verre d'un beau vert émeraude. Ce mica vert de Groix est bien la Fuschite : minéral encore, sauf le gîte des Côtes-du-Nord, non cité sur le sol français ; la Fuschite de Brandfer n'existe dans ce gisement qu'à l'état de quelques rares lamelles.

DAMOURITE.

La substance ainsi dénommée présente des lamelles contournées d'un éclat nacré, blanc ou jaunâtre. Elle se gonfle au chalumeau et fond assez difficilement ; puis prend une couleur bleue, étant fortement chauffée. La moyenne des analyses a donné à M. Delesse : Silice 45,22, peroxyde de fer, des traces, potasse 11,20, eau 5,25 = 99,52. Elle se présente avec l'aspect de certaines Pyrophyllites.

368. Damourite laminaire, jaunâtre, ou plutôt formée de petites écailles un peu plissées, entre les lames d'un beau disthène bleu fasciolé et laminaire du Hayo, vallée de l'Ével, et non de Pontivy ; l'indication est inexacte, jamais il n'a existé, à plus de 8 lieues à la ronde, une parcelle de disthène. Tout le sol des environs de cette ville est granitique et par points dioritique.

369. — en petites écailles presque friables, même association, même localité. (Ces spécimens ont été récoltés par nous, en place.)

Pendant longtemps la Damourite n'a été citée que dans le Morbihan ; mais, depuis peu d'années, elle a été retrouvée en grandes lamelles blanches un peu rosâtres, à dispositions schisteuses, à Horrsjoberg, près Kirchpiel, dans le Wermland (Suède) ; puis, ensuite, en grands prismes informes et grossiers (Damourite pseudomorphique), dans un granite plagioklasique, à Korarfret, aussi en Suède. Enfin, tout dernièrement, il y a à peine quelques mois, en enduit lamellaire, sur de gros prismes mal formés de Glaucophane, île de Groix.

LÉPIDOMELANE? DE HAUSSMAN?

On trouve à la pointe qui sépare les deux anses de Kervoyer et de Penboc'h (golfe du Morbihan), un dicke puissant formé de *granulite* (Weisstein) qui s'est fait jour à travers les mica-schistes fibrolitifères (*Morbihanite*) qui sont la roche constitutive des falaises sur une grande étendue.

Dans ce Weisstein se trouve une très curieuse variété du groupe des micas ; son aspect est celui de longues aiguilles brun de tombac fort éclatantes, disséminées dans tous les sens ; ce sont de très longs prismes trabulaires, énormément allongés dans le sens de la petite diagonale de ce prisme hexaèdre. Le facies, comme aspect et couleur, les longues aiguilles de même forme que celle de l'Astrophyllite de Brewig, en Norwége, chez laquelle le plan des axes est parallèle à la petite diagonale, ferait penser que le mica de la pointe de Penboc'h serait peut-être la même substance. M. le professeur von Lasaulx a bien voulu, à notre prière, examiner un spécimen de ce mica dans le Weisstein, et il nous a fait la remarque, que la position des axes optiques ne concorde pas avec celle connue pour l'Astrophyllite, mais se rapprocherait de celle que montre la Lépidomelane (1) qui est, elle aussi, une variété du groupe des micas ; les caractères extérieurs, couleur brun de tombac doré, la longueur extraordinaire des prismes très allongés, etc. du mica de Penboc'h, portent à penser à cette première substance, bien que la couleur de la Lépidomelane soit le noir corbeau, sa poussière le vert de montagne, et qu'elle donne un vert bouteille par le borate de soude au chalumeau.

Plusieurs essais de ce mica de notre golfe nous ont en effet donné le vert bouteille de la Lépidomelane, mais avec la réaction très marquée du Titane, colorant le verre de la coupelle, avec la teinte verte caractéristique du fer ; en plus, une nuance très sensible d'une couleur de café. Son gisement étant fort près de celui où se trouvent tant de minerais de Titane, Ruthil, Hydroruthil, Ilménite, etc., ce mica ne serait-il pas ferro-Titanifère ? voisin par la position de ses axes de la Lépidomelane et par son aspect extérieur de l'Astrophyllite ? ? ?

370. Lépidomelane ? en aiguilles bronzées, laminaire, dans un Weisstein, pointe entre les baies de Kervoyer et de Penboc'h.

371. — en aiguilles bronzées, dans un granulite jaunâtre, pointe entre les baies de Kervoyer et de Penboc'h.

La Lépidomelane se trouve en tables hexagonales facilement clivables suivant la base *opaque et noire de corbeau*, en masses ; éclat vitreux et adamantin ; en lames très minces, translucide et d'un vert poireau ; chauffée au rouge, prend un éclat métalloïde et une couleur brune tombac *(le minéral de Penboc'h serait-il la Lépidomelane un peu altérée et métamorphisée par l'action du Weisstein ? ?)*. Selon l'analyse de Stoltmann, $\dddot{Si}$ 37,40, $\dddot{Al}$ 11,60, $\dddot{Fe}$ 12,43, $\dot{K}$ 9,20, $\dot{Mg}$ et $\dot{Ca}$ 0,60, $\dot{H}$ 0,60 = 99,49 (Limur, *réaction du Titane*) pour la Lépidomelane du Morbihan.

(1) Lettre de M. von Lasaulx.

TOURMALINE (BOROSILICATE D'ALUMINE, DE MAGNÉSIE, DE MANGANÈSE OU FER AVEC SOUDE, FLUOR, LITHINE, &c.)

Les Tourmalines noires, vertes, blanches, bleues, rouges, etc., cristallisent dans le système du rhomboèdre de 133°,57' ; mais leur forme ordinaire est hexagonale *d'*, souvent combinée avec un prisme triangulaire $\left(\frac{1}{2}\, e^2\right)$ (1), souvent prédominante, qui donne au cristal une fausse apparence triangulaire. Cassure imparfaitement conchoïdale, inégale, transparente, translucide et souvent opaque. Éclat vitreux et résino-vitreux pour certains spécimens de couleur noire. (Nous ne possédons, à notre connaissance, que la variété noire dans le Morbihan), les variétés magnésiennes presque infusibles ; insolubles dans les acides. Nous ne donnons ici que la composition de la Tourmaline noire (analyse de Rammelsberg).

$\overset{\cdots}{\text{Si}}$, silice 38,08 ; $\overset{\cdots}{\text{Al}}$, alumine 34,21 ; $\overset{\cdots}{\text{Fe}}$, péroxyde de fer 1,43 ; $\dot{\text{Mg}}$, magnésie 11,22 ; $\dot{\text{Ca}}$, chaux 0,61 ; $\dot{\text{Na}}$, soude 2,37 ; $\dot{\text{K}}$, potasse 0,47 ; $\overset{\cdots}{\text{B}}$, bore 9,39 ; $\overset{\cdot\cdot}{\overset{\cdots}{\text{P}}}$, acide phosphorique 0,12 ; Fl, fluor 2,10.

372. Tourmaline noire isogone, cristal complet, isolé, Pluméliau.

373. — noire isogone, dans sa gangue (greisen), Pluméliau.

374. — noire, isogone, dans le granite, Kertanguy.

375. — noire, isogone, dans le quartz, environs de Bignan.

376. — cylindroïde, dans le quartz, Sulniac.

377. — en petits cristaux, dans une roche talqueuse violette (cette roche est un mica-schiste talqueux), carrière de la Maison-Brûlée, près Saint-Allouestre.

378. — en cristaux indéterminables, dans un mica-schiste, environs de Questembert.

379. — noire, en cristaux bacillaires, dans le quartz, environs de Baud.

380. — noire, radiée, bacillaire, dans le mica avec Andalousite rose, Saint-Allooestre.

381. — noire, bacillaire, en faisceaux radiés, dans le quartz, environs de Baud.

382. — noire, massive, bacillo-aciculaire conjoint, Sulniac.

Les Tourmalines ne se rencontrent qu'en cristaux ou en masses cristallines dans les roches plutoniques, granite, syénites, etc., et aussi dans les gneiss, les mica-schistes, les chlorito-schistes, etc. Elles

(1) M. des Cloizeaux, manuel de minéralogie, pages 487, 488 et 489.

existent aussi dans les formations métamorphiques ; enfin, en cristaux ou en fragments plus ou moins roulés, dans les sables des alluvions.

Les Tourmalines incolores (assez rares) existent à San-Pietro (île d'Elbe) et à Campo-Longo (Saint-Gothard) ; les Tourmalines roses à San-Pietro ; rouges à Miask, dans l'Oural ; rouge de rose en prismes à Wolkenbürg, en Saxe (c'est la Rubellite) ; en longs prismes de la même couleur à Rosenna, en Moravie (dans la Lépidolite ou mica lithinifère) ; d'un beau vert d'émeraude à confondre avec cette dernière, dans une Dolomie métamorphique, variété des plus rares, découverte en place par M. Gourdon (1), près de Saint-Béat (Haute-Garonne) ; verte de teintes diverses à l'île d'Elbe, au Brésil, aux États-Unis ; violette à Groshen (Massachusset) ; brune, couleur café, à Gouverneur (États-Unis) ; bien terminée à Dobrowa, en Carinthie ; en cristaux fourrés (prisme de Tourmaline rose enveloppé de Tourmaline verte) dans l'Albite (Massachusset) ; noire, isogone, près Saint-Brieuc (Côtes-du-Nord) ; aux environs de Douarnenez (variété *nono-septimale*) dans un quartz blanc ; *tridécimale Laber-Hildu* (Finistère) ; en prisme à 9 pans, Espagne ; isogone, en prisme très courts, du Hartz ; cylindroïde, Aschaffenbourg, en Bavière ; aciculaire, dans le granite avec grenat spessartine ; en grand prisme cylindroïde, 15 centimètres de long sur 4 1/2 d'épaisseur, dans le granite, lac d'Oo, Pyrénées (près de la cascade) ; en longues aiguilles libres, de plusieurs centimètres de long, lac Baïkal (ce spécimen est sous globe), etc., etc. Pour plus de détails, examiner les 70 échantillons de la galerie, salle N° 3, vitrine 73, et salle N° 4, armoires 104, 109 et 110.

TOPAZE (FLUO-SILICATE D'ALUMINE).

Topaz, Occidental Topaz, Picnyte, Schorlartiger Beryl, etc.

La Topaze cristallise dans le système d'un prisme droit rhomboïdal de 124°,17. Les sommets des prismes sont parfois très chargés de facettes, et les cristaux le plus souvent striés verticalement. Le clivage est parfait parallèlement à la base ; éclat vitreux ; jaune, verdâtre, incolore, violette, etc. ; insoluble dans les acides et infusible ; rayant le quartz.

$$= 4\,\dddot{Al}^2\,\dddot{Si} + 3\,\dddot{Si}\,Fl^2$$

ou silice 25,1, alumine 53,8, $\ddot{S}$, 5,8, Fl ou fluor 15,7.

383. Topaze cristallisée, avec un peu d'étain oxydé, dans le quartz fétide (très rare à la Villeder), Villeder.

La Topaze appartient aux terrains d'ancienne formation. Elle accompagne souvent l'émeraude. Il n'a encore été trouvé à la Villeder que

(1) Voir le bulletin de la Société de Minéralogie de France, déjà cité. 6 juin 1881.

deux spécimens de topaze qui sont identiques aux cristaux de topaze blanche de Schneckenstein, près d'Auerbach, en Saxe. Voir dans notre galerie les spécimens de Scheneckenstein, ainsi que ceux d'autres contrées, plus particulièrement topaze jaune, en prismes terminés, dans un grand cristal de quartz du Brésil ; jaune, cristallisée, avec quartz enfumé (grand échantillon de luxe), Odunt-Tschélon, Sibérie ; blanche, cristallisée, gros cristal, Sibérie, etc. ; *Pycnite*, bacillaire, dans un mica vert, Altemberg en Saxe, etc., etc. Au total avec les topazes taillées, 32 spécimens, salle N° 3, vitrine 73, et salle N° 4, armoires N°s 104, 108 et 109.

SPHÈNE (SILICO-TITANATE DE CHAUX).

Titanit, **Gelb-Menack-Erz**, **Rayonnante en gouttière** de Saussure, **Titane silicéo-calcaire** d'Haüy.

Le Titane silicéo-calcaire cristallise dans le système du prisme oblique rhomboïdal de 113°,31'. Les cristaux sont souvent maclés, de là le surnom de Rayonnante en gouttière, donné par Saussure, par suite des angles rentrants ***en gouttière*** des spécimens de certaines contrées des Alpes. Cassure conchoïdale et inégale ; éclat vitreux et adamantin ; transparent (rarement), translucide et opaque ; jaune, vert, brun, jaune teinté de rouge à une des extrémités des cristaux (certains spécimens des Alpes du Tyrol) ; rose (c'est la variété dite Greenovite) ; fusible en un verre brun noirâtre avec le borate de soude sur la coupelle, donne la réaction du Titane.

Analyse du Sphène, par Rose (spécimen du Zillerthal).

$$\dddot{Si}\ 32,29,\ \ddot{Ti}\ 41,58,\ \dot{Ca}\ 26,41,\ \dot{Fe}\ 0,96.$$

384. Sphène cristallisé, dans une Protogine à orthose rouge (cristaux bruns de la variété *Dioctaèdre*), reconnu en place par nous dans les tranchées pour les fondations du tribunal de Vannes.

385. — brun, disséminé dans la roche plagioklasique pyroxénifère (Jade Breton) de Roguédas, reconnu par M. le docteur Watmann Cross (1). Nous avions confondu les grains de ce sphène brun avec des grains d'Idocrase brune, rochers de Roguédas.

(1) Voir Studien Uber, Bretonische Gestein.

386. Sphène jaune verdâtre, cristallisé (variété N° 4 des figures cristallines propres à ce minéral, décrites par M. le professeur Zirkel, manuel de minéralogie, page 673), montrant les facettes P et les décroissements x; grand cristal encroûté en partie par des lames noires rhomboédriques de Mengite ; dans un chlorito-schiste, avec cristaux fracturés de Sphène jaune, Anse de Bilhéry (île de Groix).

Le Titane silicéo-calcaire appartient à des formations et à des roches de compositions diverses ainsi que certains minéraux décrits plus haut. On le connaît et on peut le voir dans notre galerie, cristallisé dans un granite à feldspath violet, d'Argyriola, en Corse ; dans une Syénite brune du Plaüenschergrund, près Dresde (en cristaux dioctaèdres bruns), (in hornblende Führeden Granit) ; dans un granite micacé et amphibolifère de Brand, dans le Fichtelgebirge ; brun dioctaèdre, dans une Syénite rouge de Norwège ; jaune, cristallisé, signalé par nous et récolté en place dans la carrière dite la Sablière de Pouzac, vallée de Bagnères de Bigorre ; dans les roches amphiboliques, en grands cristaux dioctaèdres bruns; dans l'amphibolite d'Arandal, en Norvège ; sur un ophite, avec chaux sulfatée et grenats Grossulaires octaèdres (variété N° 9 de Naumann), reconnu et signalé par nous à Sainte-Colombe, vallée du Lys (Basses-Pyrénées) (1) ; bien cristallisé, d'un beau vert, sur un talc-schiste du Saint-Gothard ; en cristaux maclés, moitié vert et moitié rouge (Sphène ou Rayonnante en gouttière, de Saussure), sur l'adulaire chloriteux, Saint-Gothard ; en grands cristaux groupés et maclés, de Zillerthal (envoi de feu le professeur Vogelsang, de l'École royale des mines de Hollande) ; en cristaux blancs-jaunâtres, rosés sur l'adulaire, val d'Eristallina, pays des Grisons ; en grands cristaux isolés, bruns, presque noirs (*Dioctaèdres*), des syénites altérées, à Augit, de Passau, en Bavière (envoi du professeur Sandberger, de l'Université de Wurzbourg); cristallisé jaune dans un Phonolite, Aussig en Bohême (envoi du professeur von Lasaulx, conservateur du musée minéralogique de l'Université de Bonn) ; granuliforme, dans les sables volcaniques de l'abbaye de Laach, près Indernach, bords du Rhin, etc., etc.

---

(1) Bulletin de la Société de minéralogie de France déjà cité.

SECTION DES HYDROSILICATES.

PRÉHNITE (HYDROSILICATE D'ALUMINE ET DE CHAUX).

Prehnit, Chrysolithe du Cap. **Préhnite** d'Haüy, **Zéolite** du Cap, etc.

La Préhnite cristallise en prisme droit rhomboïdal de 99°,56'. Son éclat est légèrement nacré suivant P et vitreux dans les autres sens; poussière blanche; couleur blanc-verdâtre, vert d'asperge, jaunâtre; au feu du chalumeau se gonfle et fond assez difficilement en émail bulleux; se laisse attaquer par l'acide chlorhydrique sans faire de gelée. Sa composition, selon Regnault, Préhnite de l'Oisans (très voisine de celle du Morbihan):

Silice 44,50, alumine 23,44, oxyde ferrique 4,61, chaux 23,47, eau 4,44 = 100,46.

387. Préhnite en très petits cristaux, sur un diorite, falaises de Billiers.

388. — flabelliforme et massive, *id.*

389. — lamellaire, verdâtre, massive, *id.*

390. — lamellaire, verdâtre, cariée, sur un diorite, *id.*

C'est à feu M. Galles, dont nous avons déjà à plusieurs reprises signalé les nombreuses recherches dans notre contrée, que l'on doit la connaissance de cet intéressant minéral qui n'est, si nous ne nous trompons, cité que sur deux autres points en France : à l'Armentière, près du bourg d'Oisans (Dauphiné) et dans les Pyrénées, où M. Gourdon l'a reconnue en place. Quand à la variété lamellaire Koupholite, elle est citée depuis de longues années près de Saint-Sauveur (Pyrénées); à l'étranger, les gisements sont nombreux. Voir dans notre galerie, salle N° 4, armoires N°s 113 et 72, Préhnite bien cristallisée de l'Armentière, Oisans (Dauphiné), avec Axinite; Préhnite bien cristallisée de Dumbarton, en Écosse; cristalline jaune et rosée de Salisbury-Crag, près d'Édimbourg (Écosse); flabelliforme avec Axinite cristallisée, l'Armentière; flabelliforme vert-poireau avec Épidote, Saint-Christophe, près le bourg d'Oisans; lamellaire, en petites lames implantées (Koupholite), Reichembach; lameillaire jaune, Fassa, en Tyrol; globulaire, radiée, Oberstein (Tyrol); globulaire, radiée, hérissée de petits cristaux, dans une roche trappéenne d'Old-Kilpatrick, comté de Dumbarton (Écosse); compacte, avec cuivre natif du lac Supérieur (États-Unis), etc., etc.

GROUPE DES CHLORITES.

Ce groupe a longtemps fait partie de la famille des Talcs. Ce sont des substances généralement vertes, par suite de leur peu de dureté, entre les talcs et les micas. D'après les recherches actuelles, on a divisé ces substances en trois espèces principales, savoir : la *Pennine*, le *Chlinochlore* et la *Ripidolite*. A ces espèces viennent se joindre de nombreuses sous-variétés.

Nous ne nous occuperons que de la dernière, qui est représentée dans le sol du Morbihan.

RIPIDOLITE (SILICATE D'ALUMINE, DE MAGNÉSIE ET DE FER).

Chlorit de Kobell. **Chlorite hexagonale**, **Talc-Chlorite** d'Haüy, etc., etc. **Klinoklore.**

Poussière d'un blanc-verdâtre ; s'exfolie au chalumeau ; ne se fond que sur les bords de l'esquille en émail blanc-jaunâtre ; se laisse rayer avec une pointe de fer ; souvent d'une teinte verte plus ou moins foncée, etc.

391. Ripidolite écailleuse, avec fer oxydulé octaèdre et Albite verdâtre, île de Groix.

392. — avec fer titané (Chrictonite), île de Groix.

Cette substance forme des nids, ou quelquefois, comme à Groix, des filons assez puissants où elle enveloppe du fer oxydulé, du Ruthil, des fers titanes, des cristaux d'Albites, etc.

SISMONDINE (HYDRO-SILICATE D'ALUMINE, DE MAGNÉSIE ET DE FER).

Sismondine de Délesse.

Selon M. Descloizeaux, la forme primitive se rapporte à un prisme oblique d'environ 100° ; la base fait, avec une des faces du prisme, un angle de près de 93°. Nous ignorons si le savant professeur du Muséum a eu entre les mains des échantillons aussi complets que ceux du Morbihan ; mais, après examen attentif, nous avons cru reconnaître sur des spécimens montrant un merveilleux clivage, que l'angle serait de 92°,7'. Cassure inégale, noir et noir bronzé ; poussière d'un gris verdâtre ; au chalumeau, prend une couleur brune et s'arrondit sur les bords très facilement ; peut être à peine magnétique.

La composition de ce minéral serait, selon M. Délesse : silice 24,10, alumine 40,71, fer 27,10, eau 99,15.

393. Sismondine cristallisée, noire, en belles et grandes lames groupées, comme se montrent certains micas verts de Zinwald ; ces lames montrent parfaitement les formes indiquées par M. Descloizeaux, île de Groix.

394. — lamellaire, à grandes lames clivables, île de Groix.

395. — lamellaire, massive, à grandes lames montrant des clivages vers un prime doublement oblique, et, par places, une teinte un peu bronzée, rappelant certains spécimens de Sismondine du Fenouillet (Var), île de Groix.

396. — lamellaire, noire, dans une Ripidolite schistoïde avec un peu de quartz ; cette Sismondine identique à celle de la vallée d'Aoste, en Piémont, île de Groix.

397. — en petites lamelles un peu contournées, île de Groix.

C'est à M. l'abbé Guyonvarc'h que l'on doit la connaissance de ce gisement dans le Morbihan, ainsi que ceux de nombreuses substances de l'île de Groix notées plus haut. Pour comparaison, voir les autres Sismondines du Piémont, du Var, salle N° 4, armoire 115.

TALC (SILICATE DE MAGNÉSIE HYDRATÉE).

Talc, Talcglimor, Common Talk.

Quelquefois en lames hexagonales ; facile à rayer avec une pointe de fer, même à entamer avec l'ongle ; éclat gras, très onctueux au toucher ; poussière savonneuse ; au chalumeau, s'exfolie en fondant à peine sur les bords de l'esquille ; donne une jolie couleur rose à l'aide du nitrate de Cobalt par suite de la présence de la magnésie ; inattaquable aux acides. Silice 62,8, magnésie 32,4, fer 16, alumine 1,0, eau 2,3.

398. Talc lamellaire blanc, en lames hexagonales nacrées, et lamellaire avec Andalousite rose, amorphe, Saint-Allouestre.

399. — écailleux (*craie de Brancançon*), laminaire, en couches contournées, jaunâtres, île de Groix.

400. — jaunâtre, laminaire, feuilleté, avec quelques cristaux d'Amphibole hornblende, île de Groix.

401. — blanc, friable, écailleux, environs de Lo[illegible]iné.

Le Talc se trouve souvent subordonné aux roches serpentineuses, ou encore aux steaschistes, aux mica-schistes. Les substances qui l'accompagnent le plus communément sont l'Amphibole vert ou noir, le

Disthène, etc., le fer oxydulé, les Dolomies. (Voir les Talcs dans notre galerie, salle No 4, armoire No 115.

A — *Stéatite.* La Stéatite pourrait bien être considérée comme un talc plus compacte, d'une texture plus solide et plus serrée, verte, vert-grisâtre, vert-jaunâtre, brune, rougeâtre, etc.; tendre, raclure savonneuse; au chalumeau finit par se fondre sur les bords de l'esquille; devient rose par l'addition d'une goutte de solution de nitrate de Cobalt.

Analyse de la Stéatite du Canigou (Pyrénées-Orientales), silice 66,70, magnésie 30,23, oxyde ferreux 2,41, eau 99,34. La Stéatite est si commune qu'il nous faudrait une page entière pour faire une liste de ses divers gisements.

402. Stéatite compacte, grise, un peu micacée, près Beauregard, en Saint-Avé.

B — *Serpentine.* Étymologie (serpens), par sa disposition souvent tachetée comme une peau de serpent.

En masses compactes et fibreuses; cassure conchoïdale et grasse, très dure à fondre. On ne peut obtenir, après un coup de feu violent et prolongé du chalumeau, qu'une légère fusion sur les bords minces de l'esquille; raclure savonneuse.

403. Serpentine verte, tachetée de blanc-grisâtre, Coatquidam.

La Serpentine commune est pour le plus souvent opaque, grisâtre, verdâtre, vert foncé; traversée par des veines de calcaire, c'est le marbre vert des Alpes, etc., etc.; elle forme des montagnes, se montre en couches puissantes, etc., etc. (Voir notre galerie, salle No 4, armoire 115.)

C — *Gilbertite.* La Gilbertite de Thomson se présente en lames qui sont imparfaitement hexagonales et facilement clivables dans une direction; translucides ou transparentes quand elles sont très minces; éclat nacré prononcé; couleur blanc-jaunâtre ou verdâtre; peu dure. Au chalumeau elle s'exfolie en gonflant un peu, mais bien moins que la Pyrophillite, puis se fond sur les bords en émail blanc. Analyse d'après le capitaine Hunt, silice 45,15, alumine 40,1, protoxyde de fer 2,43, chaux 4,17, magnésie 1,90, eau 4,25 = 98,01.

Les lames se pénètrent dans tous les sens et présentent une structure écailleuse à la manière de la Lépidolite.

D — *Nacrite.* (Talc granulaire d'Haüy.) On donne la dénomination de Nacrite à une substance qui se présente sous la forme de masses composées de petites écailles ou de paillettes disséminées à la surface de cristaux de quartz, leur éclat est nacré, blanches ou grises, très tendres et onctueuses au toucher. Silice 50,0, alumine 26,0, péroxyde de fer 5,0, potasse 17,5, chaux 1,5 = 100. *Analyse de Vauquelin.*

404. Gilbertite jaunâtre, massive, lamellaire, avec lamelles de nacrite et fer sulfuré disséminées en petits cubes jaunes. Triglyphes en filons dans la Villedérite, mines d'étain de la Villeder.

405. — jaunâtre, grano-lamellaire, avec quartz disséminé en grains et aussi quelques grains de fer sulfuré cristallisé. (Villedérite.) Nous proposons de donner le nom de *Villedérite* à cette curieuse association, qui forme une roche en masses assez considérables pour être employée en remblais et à la construction des bâtiments de la mine, Villeder.

406. Nacrite en petites écailles grises mélangées avec la Gilbertite, Villeder.

La Gilbertite est très souvent associée aux substances qui se rencontrent dans les gîtes de l'oxyde d'étain : à Saint-Austle, en Cornouailles ; Montbras, dans la Creuse ; La Villeder, dans le Morbihan ; Zinwald, Poberhau, Ehrenfriedersdoff, mines d'étain de la Saxe, etc. Cependant M. Gourdon l'a trouvée en filons dans un granulite, dans des blocs éboulés des montagnes qui dominent la vallée de Luchon. Peut-être qu'il existerait quelques filons stannifères sur des points inconnus et inabordables de ces montagnes ?

GROUPE DES ARGILES CHIMIQUES

ET PRODUITS DE DÉCOMPOSITION OU PRODUITS D'ALTÉRATION ET DE MÉLANGES.

On désigne par l'indication en général du mot Argile, des masses compactes, tendres et terreuses, happant plus ou moins à la langue, se délayant dans l'eau, en général à base d'alumine hydratée, devenant dures et sonores par suite de la cuisson à une haute température, même dans ce cas susceptibles de donner des étincelles au briquet ; couleurs variées.

KAOLIN, — ARGILE PLASTIQUE, — ARGILE SMECTIQUE, &c.

Kaolin, terre à porcelaine, **Aufgelöster Gémeiner Feldspath**, **Porcelan Clay**, **etc.**

Masses terreuses, friables, blanches, blanc-jaunâtre, rougeâtre, ne fait point pâte avec l'eau ; infusible ; prend une teinte bleue par l'addition d'une solution de nitrate de Cobalt. Il éprouve un retrait notable par la cuisson, et oblige les ouvriers des manufactures de porcelaines à certaines précautions. Le (biscuit), dénomination donnée à la porcelaine cuite et non vernie, n'est plus susceptible du même retrait au vernissage.

Nous empruntons au mémoire de M. Brognard, sur les Kaolins, les analyses suivantes (1) :

A — *Kaolin* de Limoges. Silice 42,07, alumine 34,65, eau 12,17, fer et manganèse, traces, résidu argileux — 9,76.

B — *Kaolin* de la Chine. Silice 23,72, alumine 9,80, eau 2,62, potasse 3,08, fer et manganèse 0,43, résidu argileux 68,18.

Les Kaolins sont le produit de la décomposition des ***Feldspaths***.

407. Feldspath altéré, passant au Kaolin, tranchée de la gare de Vannes.

408. Kaolin sableux, très maigre, grenu et friable, environs de Séné, et sur un grand nombre de points du Morbihan.

409. — blanc-jaunâtre, compacte, avec dendrites de manganèse, kaolin de mauvaise qualité, montagne du Rodoir, près La Roche-Bernard.

410. — plus fin, friable, jaunâtre, pointe de Pénestin.

411. — friable, mélangé de beaucoup de nacrite ; matière de première qualité pour la fabrication des briques réfractaires ou briques blanches, pointe de Pénestin.

412. — friable, blanc, matière de bonne qualité, environs de Guégon.

Argiles Alumineuse et Magnésienne.

413. Argile Magnésienne blanche, environs de Locminé.

414. — — environs de Caden.

Argile Lithomarge.

415. Argile Lithomarge jaunâtre, environs de Locminé.

Argile Smectique.

416. Argile Smectique vert-olive, Sainte-Triphine, près Pontivy.

---

(1) Mémoire sur la nature, le gisement et l'emploi des Kaolins, par MM. Brognart et Malagutti. (Archives du Muséum, 1841.)

SIXIÈME CLASSE.

LES COMBUSTIBLES.

Les minéraux qui appartiennent à cette classe sembleraient être, pour le plus grand nombre, le produit d'altération de substances organiques enfouies dans les couches terrestres. Quelques-unes, sous l'action du métamorphisme, auraient cristallisé, par exemple, le Graphite.

La liste de ces substances, pour notre département du Morbihan, est des plus restreintes. Nous n'avons à indiquer que le Carbure de fer ou Graphite; point de Houilles ni de Bitumes, etc.

CARBURE DE FER (GRAPHITE).

Le Carbure de fer ou Graphite est ainsi nommé du mot grec γράφειν, écrire.

Sa forme cristalline est un rhomboèdre de 85°,29, mais on ne le rencontre guère que sous la forme de tables hexagonales ou même de paillettes. Cassure inégale; opaque; éclat métallique; flexible si les lamelles sont minces; onctueux au toucher; trace sur le papier et salit les doigts; il est infusible; dans le bain de borate de soude, sur la coupelle, il reste dans le bain sans éprouver aucune altération, ce qui le distingue de certains fers oligistes qui donnent, par le même procédé, un verre vert bouteille. Composé de Carbone avec une très petite quantité de silice ou d'alumine et environ de 4 à 5 p. °/₀ de fer; c'est la matière la plus près du diamant par sa composition chimique; le Graphite de Borowdale ne contient qu'un demi pour cent de fer et 2,50 de matières volatiles.

417. Carbure de fer en petites lamelles hexagonales, éclatantes, formant la matière essentielle d'un greisen en remplacement du mica, en filons dans les strates de la Morbihannite *(mica-schiste fibrolitique)* de l'anse de Penboc'h.

418. — amorphe, cassure terne, en filons dans une roche argileuse près le château de Kergonano, en Baden, golfe du Morbihan.

419. — schistoïde, amorphe, lamellaire, près Auray.

420. Carbure de fer amorphe, dans une espèce de greisen, ou plus exactement un grès où le Carbure de fer est disséminé très abondamment (plus de 60 pour cent) avec fer oxydé, près du château de Kergonnano, en Baden.

421. — en lamelles, dans un gneiss, baie de Conleau.

422. — dans un gneiss, près le château de Kergonano, en Baden.

423. — en lamelles, dans la fibrolite, baie de Penbo'ch.

Le Graphite forme le plus souvent des veines intercalées dans la stratification des terrains qui appartiennent le plus généralement aux formations métamorphiques. Il est naturel de penser que l'existence du Graphite se lie aux phénomènes du métamorphisme quand on observe l'état dans lequel il se montre soit dans les Alpes, soit dans les Pyrénées, ou dans nombre d'autres gisements qui sont toujours voisins des Granites, des Porphyres ou d'autres roches plutoniques (1).

Pour exemples des spécimens du Graphite voir : le Graphite pur de Java, en grande masse (échantillon de luxe) ; en lamelles hexagonales disséminées dans un calcaire ; lamellaire, métamorphique, dans un gneiss, Zubléta, à Itassaou (Basses-Pyrénées) ; grossier, schistoïde dans un mica-schiste, Pic du midi de Bigorre ; schistoïde, pulvérulent, dans un calcaire, Capvern ; laminaire, avec quartz, en grains, de Chamouny (Alpes) ; lamellaire, en lamelles contournées (c'est le Graphite le plus pur), Borrowdale (Angleterre) ; massif, grano-lamellaire des Calabres ; amorphe, massif, mine de Graphite de Botagol (Sibérie-Orientale) ; en lamelles contournées, dans un gneiss (Kinzégite), roche type (Gneiss à grenat, Graphite et Oligoklase), Wittichen (Souabe).

Le Graphite est assez difficile à reconnaître, à première vue, du Molybdène sulfuré qui, comme lui, est gris foncé, lamelleux, onctueux au toucher, de plus, aussi tendre ; tous deux sont infusibles, et tracent en gris sur le papier ; mais l'un, le Graphite, laisse un trait gris sur un tesson de porcelaine, et le Molybdène sulfuré un trait vert. Le Molybdène sulfuré est attaqué par l'acide azotique, passe à l'état d'une poussière jaune qui est l'acide *Molybdique.*

---

(1) Extrait des importantes recherches de M. Fouqué, article *Carbone :* « En général, toutes les fois que du charbon est porté à une très haute température, à l'abri de l'air, il se transforme en Graphite... » le diamant lui-même, fortement chauffé par un courant électrique, se transforme en Graphite, comme l'a constaté M. Jacquelin. (Synthèse des minéraux et des roches, par MM. Fouqué, membre de l'Institut, et Michel Lévy, ingénieur des Mines, page 196), ouvrage précieux pour le géologue et le minéralogiste, qui met sur la voie de la formation des substances filonniennes, des phénomènes.

Nota. — Les lettres de renvoi se rapportent à des notes réservées au second fascicule : **Géologie et Roches du Morbihan**.

En terminant, quelques mots seulement sur les roches constitutives de notre sol qui contiennent les espèces que nous venons de décrire, et dont nous entreprendrons un examen plus étendu dans la seconde partie de cette étude qui sera consacrée à la Géologie, c'est-à-dire la description des roches, des formations et des fossiles de la contrée.

Le but que nous nous proposons en ce moment est d'indiquer dans quelles roches (ou plus exactement dans quelles formations), on peut espérer d'avoir la chance de rencontrer certaines espèces minérales plutôt que telles autres.

Les personnes étrangères aux recherches minéralogiques sur le terrain (comme celles qui nomment des minéraux des cailloux), supposent volontiers qu'avec un peu de chance, on peut indistinctement trouver par-ci, par-là certains échantillons de toutes les espèces minérales. Ce serait donc une sorte de jeu d'aventure.

Rien n'est moins exact. Les espèces minérales ne sont nullement distribuées au hasard ; elles sont le résultat de combinaisons chimiques, de réactions qui se sont produites dans tel ou tel milieu, par conséquent leur existence est probable plutôt dans des roches de certaines classes plutoniques ou métamorphiques.

Il en est d'un minéralogiste qui explore une contrée comme d'un chasseur qui remarque autour de lui de grands chaumes, des landes bordées de champs de choux, et, à distance, au loin, des collines couvertes de broussailles. Si le pays est giboyeux, il sait qu'il a grandes probabilités de trouver des perdrix ou des cailles dans les chaumes, des lièvres dans les landes ou des lapins dans les broussailles. De même, le minéralogiste doit, avant toutes autres recherches, reconnaître le terrain sur lequel il marche, et savoir si les roches ou le sol appartiennent aux formations plutoniques, sédimentaires ou métamorphiques. Nous passons sous silence les formations volcaniques ; il n'en existe ni dans le Morbihan, ni en Bretagne.

Trois grandes classes de roches forment les massifs de nos contrées : 1° Granites et les roches Porphyroïdes, dites formations *Plutoniques* ; 2° les formations sédimentaires ou aqueuses ; 3° les roches métamorphiques ou terrains cristallins.

Si on marche sur les granites à petits grains où les éléments, généralement de l'Orthoklase, du quartz et du mica, sont bien également distribués (*c'est le granite ancien*), rien à chercher ; mais ces granites, considérés comme la première couche solidifiée du globe par la majorité des géologues, sont traversés de nombreuses fissures produites, soit par retrait de refroidissement, soit par des cassures ou des soulèvements à des périodes différentes. Souvent un nouveau granite, à plus grands éléments, est venu les remplir, s'injecter dans ces fissures plus ou moins larges, formant des veines, des filons ou des dickes.

C'est là qu'il faut chercher ; la récolte pourrait bien être assez satisfaisante. Pour ne citer comme exemple qu'une localité, ***Kertanguy***, dans le haut de la vallée de l'Ével, on peut trouver dans ces veines de granites à grands éléments, la Tourmaline noire terminée, l'Émeraude (Béryll), un beau mica, etc. Sur un autre point, pas loin de Vannes (1), une jolie série de Mikroklines rouge, blanc-jaunâtre, rose, etc. Dans les fissures d'une Protogyne, à Kerboulard, de la Chaux phosphatée bien cristallisée, blanche-violâtre.

Si les roches sédimentaires sont pauvres en minéraux ayant quelque intérêt, elles ne sont pas dépourvues de fossiles. On peut y trouver en place de belles empreintes de Bilobytes, ces curieux vestiges, algues ou tous autres restes (les paléonthologistes ne sont pas encore fixés positivement sur ce que sont ces singulières empreintes); des Trilobytes, des Triniculis caractéristiques, ces derniers des étages du Silurien inférieur, à Sainte-Brigitte; et aussi des Orthis, à Monteneuf; des Calymènes Tristani, tout comme dans les mêmes schistes argileux des environs de Gourin.

Mais les gisements les plus riches en belles espèces minérales dont nous recommandons l'exploration attentive à nos collègues partout où se montrent ces formations, qui sont importantes dans notre Morbihan, ce sont les roches *métamorphiques*. On désigne sous ce nom des dépôts sédimentaires devenus cristallins au contact ou dans le voisinage des roches *plutoniques*. A la suite de ces phénomènes, des réactions chimiques se sont produites, des minéraux d'espèces variées se sont formés ; on les y rencontre souvent disséminés et bien cristallisés pour la plupart. Les gneiss et les mica-schistes en sont parfois comme pétris. Pour ne citer qu'une localité (2) : sur place on peut voir le Ruthil (Titane oxydé), le Ruthil noir (Ilménoruthil de M. Kokscharow, espèce toute voisine de l'Arkansite), l'Hydroruthil, minéral rare, la Praséolite, une Chlorophyllite identique à celle de Haddam, dans le Connecticut, etc., etc. Sur un autre point du Morbihan (3), les mica-schistes vont nous montrer dans leurs strates schisteuses, l'Andalousite bien cristallisée rose, le Disthène cristallisé et lamellaire, bleu, jaune, même blanc dans l'Andalousite ; le Grenat trapézoïdal en gros cristaux d'une perfection remarquable ; les Staurotides prismées, rectangulaires, obliquangles, ternées ; de jolis spécimens de Tourmalines noires ; ou bien encore, à Penboc'h (4), la Fibrolite, le Graphite en lamelles hexagonales, des Grenats, etc., etc.

---

(1) Extrémité de la jetée du port ; Anse de Kervoyer.

(2) Anse de Salins (les marins disent la *Saline*), golfe du Morbihan.

(3) Vallée de l'Ével, Saint-Allouestre, les rochers du Roho, Le Hayo, la lande de Keriquel, etc.

(4) Penboc'h (la falaise).

Les Chlorito-schistes et les Talcs-schistes (1) ne sont pas moins riches en substances intéressantes. On peut y récolter plusieurs variétés d'Épidote, des spécimens cristallins, grenus, compactes, la Glaucophane, encore un minéral rare; le Titane oxydé (Ruthile) en baguettes enchevêtrées ; le Talc écailleux (craie de Briançon), du fer oxydulé en jolis cristaux octaèdres, du fer oxydulé titané (Nigrine) en petits cristaux, dans un talc schistoïde, où ils se montrent en quantité ; du fer oligiste écailleux, massif ; un fer titané (Spessartite de Breitaupt) ; des cristaux de Mengite, du Sphène bien cristallisé, le Titanomorphite ? de M. von Lasaulx, la Sismondine, de remarquables spécimens d'Oligoklase, un Feldspath Triklinique verdâtre dans la roche de Chlorito-schiste, etc., etc.

Le coup d'œil rapide que nous venons de jeter sur quelques lambeaux seulement de notre sol, vous montre, Messieurs et savants collègues, combien il reste à chercher ; la tâche est loin d'être terminée. Espérons qu'avec votre concours, il nous sera donné de grossir de plus en plus cette liste qui, déjà même, place le Morbihan au nombre des départements dont la minéralogie est la plus variée et la plus riche en France, tout comme à un autre point de vue scientifique vous êtes parvenus, à la suite d'explorations d'une haute importance dans les monuments mégalithiques du pays, à réunir dans vos musées des séries d'éléments d'études antéhistoriques, uniques ou des plus rares, que l'on vient examiner et consulter de tous les points de l'Europe.

Nous donnons plus loin, par ordre alphabétique, les Formules minéralogiques des espèces minérales en gisements dans le Morbihan.

Avant de clore ce Catalogue des minéraux du Morbihan, que nous ne supposons à peu près au complet que pour le moment présent, car tout est encore loin d'être bien connu dans le département, qu'il nous soit permis d'exprimer ici notre vive reconnaissance à des savants français et étrangers qui ont bien voulu nous éclairer de leurs conseils, et, plus encore, enrichir généreusement nos collections de préparations et de spécimens, précieuse assistance pour la rédaction de ce modeste travail dont nous ne saurions assez leur témoigner toute notre gratitude.

---

(1) L'île de Groix.

APPENDICE.

Chaux phosphatée (Apatite à la Villeder). — Ainsi qu'il se trouve consigné dans le traité des minéraux du Morbihan par M. d'Ault-Dumesnil, en 1866, article *Chaux phosphatée*, page 7..... « enfin dernièrement, nous l'avons reconnue, avec M. de Limur, dans le quartz de la Villeder ; » nous avions considéré ce fait comme un simple accident isolé.

Mais voici, selon une observation du professeur Sandberger, de l'université de Würzbourg, qu'il peut être bon d'examiner certains spécimens de près : « En examinant hier aussi des cristaux bleus allongés du gîte de la Villeder, je les ai reconnus comme étant des cristaux d'Apatite ; les cristaux du vrai Beryll sont beaucoup plus durs et non solubles dans l'acide azotique ; à la Villeder, à en juger selon les échantillons que je dois à votre bonté, ils sont courbes et incolores ou un peu fauves. L'ammoniaque molybdique précipite au moment la solution nitrique de l'Apatite comme une poudre cristalline de couleur du soufre. » J'ai cru utile de vous en donner connaissance (1).

Chaux fluatée. — Au moment où ce Catalogue était sous presse, M. Courtois, prote de l'imprimerie Galles, nous a remis, pour notre collection minéralogique du Morbihan, une substance blanche, cristallisée en octaèdres plus ou moins bien formés, qu'il avait recueillie dans la carrière de Saint-Avé. Nous avons reconnu que ce minéral est la Chaux fluatée. Nous ne sommes nullement surpris de ce fait ; ici la substance existe dans des conditions semblables à celles où on la connaît déjà : à Botcouarh et à Caden.

Glaucophane. — La Glaucophane n'existe pas seulement à Groix sous la forme de cristaux dans l'Épidote, mais associée à de la Hornblende verte et des Grenats elle constitue des roches importantes dans l'île.

Voici l'analyse optique de ces curieuses associations faite par M. Fouqué, de l'Institut, et professeur au collège de France, telle qu'il nous a autorisé à la reproduire :

Schiste à Glaucophane de Groix, par ordre de fréquence : 1° Glaucophane bleuâtre ; 2° la Hornblende verte et en cristaux plus petits ;

(1) M. Sandberger, 10 décembre 1883.

3° l'Épidote en très beaux cristaux d'un rose très clair à clivages rectangulaires ; 4° le Grenat en gros cristaux très fendillés et remplis d'inclusions de quartz, de Sphène et d'Épidote ; 5° le Ruthil en petits cristaux d'un jaune brun ; 6° le Sphène en très petits cristaux d'un gris clair et trouble ; 7° le fer oxydulé fréquent ; 8° le quartz également fréquent (plus que le Ruthil et le Sphène) ; 9° la Pyrite (rare ; je n'en ai vu qu'un exemplaire) ; 10° Calcite fréquente comme produit d'altération. On peut voir dans notre galerie ces substances dans deux spécimens en lames minces que nous devons au savant professeur dont nous venons de rapporter l'analyse.

Dans la description déjà faite plus loin de cette espèce, nous annoncions qu'elle est dicroïte bleue selon la ligne du grand axe du nicol, violette selon celle du petit axe, mais nous n'avions examiné que des fragments de Glaucophane en poussière. M. le professeur Zirkel, de l'université de Leipzig (Saxe), à l'aide de lames minces, a reconnu que ce minéral est fortement trichroïte..... « die beiderlei durchschnitte ergeben dass der starke Trichroïmus ist..... *a* azurblau, *b* violett, *c* hellgrundgelbe... es sind die genaü dieselben Farben übereinstimmander Verthielüng, welche aüch früher für anderer Glaucophane angefürt werden nämlich von..... » (1).

Puis les notes de divers savants qui ont examiné ce minéral :

Becke. — Für den Glaucophan-Epidotschiefer von *Ocha* aüf *Euboca* (minéral et Pétrogr..... Mittheil, 1879, page 71.

Williams. — Für den Glaucophan-Eklogit von *Germagnant* in Norditalien (neües Jahrb... f... minéral... 1882, vol. 2, page 202.

Stelgner. — Für einen erratichen Glocophan-Epidot-Block aüs der gégend von *Bern* (neües Jahrb. f. minéralogie, 1883.

Bemerkenswerk. — Ist dass aüch diesen anderen Vorkommisen der Glaukophau mit Epidot verbündon ist.

Ce qui démontre, dans les gisements cités, la fréquente association de ce minéral avec l'Épidote, tout comme nous l'avions remarqué à Groix.

Oligoklase (Kalknatronfeldspath) en voie d'altération. — On trouve dans les formations dioritiques de Billiers une substance jaunâtre ayant un peu le facies d'un feldspath sous forme de petits filons ; elle est très facilement clivable selon les faces d'un prisme triklinique ; au chalumeau, très difficile à fondre seulement sur les bords aigus d'une fine esquille ; après un coup de feu prolongé, on obtient un verre ou plutôt un enduit jannâtre sale ; tendre ; facile à rayer avec une pointe d'acier. Voici l'opinion de M. Sandberger au sujet de cette substance : « ..... le minéral reçu hier est, sans doute,

(1) Lettre de M. le professeur Zirkel, 30 octobre 1883.

un Oligoklase décomposé, assez commun dans les Diorites de la plupart des montagnes primitives de l'Europe. » (M. Sandberger, le 10 décembre 1883.)

Jade Breton. — On peut voir dans les vitrines du musée d'histoire naturelle (1), une hachette copiée pour la forme sur le modèle de quelques-unes de petite proportion que l'on trouve parfois dans nos monuments dits mégalithiques, et cependant plus grande que la toute petite trouvée dans les fouilles de Kercado, en Carnac, une des pièces les plus remarquables connues et qui présente, elle aussi, une apparence absolument identique à la roche de Roguédas.

Cette hachette a été fabriquée avec la roche plagioklasique pyroxénifère du docteur Cross. M. le docteur Mauricet a bien voulu enrichir nos collections de cet exemplaire, et, comme la précédente, son apparence est identique à celle des Nos 5 du tumulus du Mont-Saint-Michel, 8, 12, 47 de Mané-er-Hroëck, désignées dans notre musée archéologique sous la dénomination de Jadéïtes (2).

Depuis la publication du mémoire de M. le docteur Cross, à la réunion du Congrès archéologique de France à Vannes, en 1881, nous avons eu l'honneur de soumettre à nombre de nos éminents collègues, les résultats d'une trouvaille faite en Arradon, dont nous garantissons l'authenticité. Plusieurs haches de dimensions différentes ainsi que de matières, ont été trouvées en faisant une tranchée pour une construction, savoir : deux en fibrolite, trois en matière dite *chloromélanite* que l'on peut voir dans notre galerie, armoire N° 101, salle N° 4, et, avec elles, une des plus remarquables connues pour sa forme. Elle est à côtes et à oreillettes, semblerait n'avoir jamais servi, car son tranchant est intact ; c'est la même disposition de côtes, mais un peu en plus petit que présente la plus remarquable de nos collections, celle qui porte le N° 93. Quand à la matière, elle paraît être absolument identique à celle de la hachette donnée par M. le docteur Mauricet ; en plus, une chose à noter qui n'est pas sans importance, ce sont des petites masses d'Idocrase brune disséminées ainsi que des grains de Sphène, association que nous avons mentionnée dans notre Catalogue comme étant caractéristique dans la roche de Roguédas. (Voir la description des spécimens Nos 350, 351 et 353 (1).

Cette hache que nous venons de décrire se trouve présentement dans le splendide musée antéhistorique du château de Kernuss, près Pont-l'Abbé (Finistère), appartenant à M. du Chatellier, savant si bien connu par ses recherches d'une importance exceptionnelle dans les monuments mégalithiques de Bretagne.

---

(1) Musée d'histoire naturelle de la Société polymathique.

(2) Musée de la Société polymathique.

Émeraude verte d'Éthiopie. — On voudra bien nous pardonner à ce sujet quelques lignes en mémoire d'un compatriote, d'un Breton, hardi voyageur qui fut le premier à mettre, au milieu de mille dangers, le pied sur les rives encore inconnues du Fleuve blanc, à signaler et à décrire les ruines du temple d'Ammon que, jusqu'à ce jour, personne n'avait pu retrouver, perdues qu'elles sont au centre de l'Oasis de Syouah, à 18 journées de marche dans le désert ; qui a retrouvé les restes de l'antique ville de Méroë et les nombreuses pyramides de cette contrée, cité des Pharaons, qui fut jadis la rivale de Thèbes, etc., etc., M. Frédéric Cailliaud, de Nantes, que nous avons eu l'avantage de connaître particulièrement, auquel nous sommes redevable de nombreux spécimens, entre autres d'échantillons d'émeraudes mentionnés dans notre Catalogue, page 73, dont les anciennes mines, perdues depuis des siècles, ont été retrouvées par le courageux naturaliste et archéologue.

M. Dufrénoy semblerait ignorer, comme d'autres savants auteurs, que c'est à lui que l'on doit d'avoir retrouvé les gîtes des émeraudes de l'Afrique. Il dit dans son traité de minéralogie, volume 3..... « Je n'ai » pas cité dans les localités précédentes les montagnes situées en Afrique, » entre l'Éthiopie et l'Égypte ; ce sont cependant ces montagnes qui » ont fourni les premières émeraudes connues ; l'émeraude qui orne la » tiare du Souverain Pontife paraît en provenir. Ce qui fait conjecturer » que cette émeraude vient d'Afrique, c'est qu'elle existait à Rome du » temps de Jules II, qui vivait avant la conquête du Pérou. Cette » émeraude a la forme d'un cylindre court, arrondi à une de ses extré» mités ; elle a environ 27 millimètres dans le sens de son grand axe » et 34 millimètres de diamètre, elle n'a qu'un léger degré de trans» parence.

» En général, les émeraudes d'Afrique sont moins précieuses que » celles du Pérou, leurs teintes sont moins pures et souvent elles » renferment dans leur intérieur des matières qui leur communiquent » des reflets chatoyants. »

Pline le naturaliste, qui vivait au commencement de notre ère, est plus explicite. Il rapporte que Néron regardait combattre les gladiateurs à travers une émeraude, et, plus loin : « ..... et dit-on qu'on les tire de certaines collines et rochers qui sont voisins de Camar, ville de la Haute-Egypte..... On estime fort les esmeraudes qu'on trouve en Ethiopie à trois journées de Camar... Le Roy Juba dit, quelles ont vn verd fort vif, mais qu'on en trouve bien peu qui soyent nettes et qui ayent leur verd d'vne teneur » (1).

A plus de 17 cents ans d'intervalle, Pline et Dufrénoy s'accordent pour rapporter des observations semblables. L'émeraude verte d'Éthiopie est d'un vert clair, d'une jolie teinte d'herbe tendre, peu transparente,

(1) Pline le Naturaliste, livre 37, pages 601 et 602, édition de 1635.

qui se rapproche de l'aspect de l'Agate chrysoprase de Silésie, en échantillons bien choisis, fortement translucide et polie. L'émeraude du Pérou ou de la Nouvelle-Grenade affecte généralement un vert plus intense et velouté ainsi qu'on peut l'observer dans notre galerie.

Émeraude vert d'herbe tendre prismée cylindroïde, isolée, de 15 millimètres de long sur environ 12 millimètres de diamètre, fortement translucide ; on voit au sommet du prisme les facettes P et a^2 de la figure N° 75 de l'atlas de Dufrénoy (variété épointée d'Haüy), anciennes mines d'émeraudes d'Éthiopie, retrouvées par feu M. Cailliaud, de Nantes.

Émeraude vert d'herbe tendre prismée cylindroïde, dans un granite avec mica brun, anciennes mines d'émeraudes d'Éthiopie, etc.

Nous sommes heureux de trouver ici l'occasion de rendre hommage aux nombreuses découvertes dans tous les genres du savant et courageux Breton.

Antimoine sulfuré (Stibine). — Il y a une vingtaine d'années il a été trouvé, en faisant une tranchée aux environs de la citadelle de Belle-île-en-Mer, quelques rognons d'Antimoine sulfuré. Il n'en existe comme spécimens que peu de fragments ; on peut en voir un des plus volumineux au musée d'histoire naturelle de la Société polymathique. On l'a également cité aux environs de Sarzeau ; nous n'en avons jamais vu d'échantillon. Caractères de l'Antimoine sulfuré : prisme rhomboïdal droit de 90°,54' ; cassure inégale ; éclat métallique ; gris de plomb ou gris d'acier ; très fusible et volatile au chalumeau ; attaquable par l'acide azotique en laissant une poudre blanche. Formule Sb S.

Antimoine sulfuré granulaire, massif, Belle-ile-en-Mer.

Les limites restreintes d'un simple Catalogue raisonné ne permettent pas d'entrer dans des détails étendus, et cependant nécessaires, pour l'explication de certains termes cristallographiques, de l'agencement des formules, etc., etc., qui se trouvent dans ce petit ouvrage.

Nous indiquerons ici les traités à consulter :

1° Pour la cristallographie : le 1er volume du traité de minéralogie de Dufrénoy ; l'excellent ouvrage de M. des Cloizeaux, manuel de minéralogie, 1er volume *(introduction)*, comparaison des notations de *Naumann, Weiss, Whewell et Levy, etc.* ; elemente der mineralogie von Carl Friedrich Naumann, Zehnte, Ganzlich Neubearbeitete auflage von Dr F. Zirkel, Leipzig, pages 1 à 82 ; Pisani, traité élémentaire de minéralogie ; Haüy, traité de cristallographie ; Beudant, traité de minéralogie, volume 1er, chapitre V (cristallographie géométrique), page 209, etc. ; cours de minéralogie de M. de l'Apparent, ingénieur des mines (1er fascicule).

2° Pour la physique ou la chimie minéralogique : le plus grand nombre des ouvrages cités plus haut, etc.

3° Pour la minéralogie micrographique : l'ouvrage le plus complet connu, la minéralogie micrographique par MM. Fouqué et Michel Lévy. Die einfürhung des Mikroscops in das Mineralogisch-Geologische studium, von Zirkel, etc.

4° Pour les météorites et le métamorphisme : études et expériences synthétiques sur le Métamorphisme et sur la formation des roches cristallines, mémoire couronné par l'Académie des Sciences, par M. Daubrée, directeur de l'École des Mines ; expériences synthétiques relatives aux météorites (bulletin de la Société géologique de France, séance du 5 mars 1866), par le même auteur, etc.

5° Pour les roches : traité des roches, par Coquand ; classification et caractères minéralogiques des roches, par Alexandre Brognart, etc.

6° Pour les essais au chalumeau : traité de Kobbel, etc.

TABLEAU DES FORMULES MINÉRALOGIQUES

DES ESPÈCES EN GISEMENT DANS LE MORBIHAN.

Albite (Feldspath)............ . $3\ Al\ Si^3 + Na\ Si^3$.
Almandin (Grenat)............. $Al\ Si + fe\ Si$.
Alumine hydratée.............. $Al + aq$.
Andalousite................... $Al^3\ Si^2$.
Anorthite (Feldspath)........... $3\ Al\ Si + Ca\ Si$.
Antimoine sulfuré.............. $Sb\ S$.

Beryll (voyez Émeraude).

Chaux carbonatée.............. $Ca\ C^2$.
— fluatée.................. Ca, Fl.
— phosphatée............. $3\ Ca^3\ P^5 + Ca\ (Cl\ Fl)^2$.
Chiastolite (voyez Macle) et Andalousite.
Chlorite...................... $2\ Al^2\ Mg + 4\ Mg^2\ Si^2\ aq^2$.
Chrictonite (voyez Titaneisenerz). Voir la formule moyenne.
Chrome oxydé............. ... $Al\ Si + Cr\ x$.
Corindon..................... Al.
Cordiérite.................... $3\ Al\ Si + (Mg, fe)\ Si^2$.
Cuivre pyriteux..... .... $FS + Cu\ S$.

Damourite.................... $3\ Al\ Si + K\ Si + 2\ aq$.
Diallage...................... $(Mg, Ca, fe)\ Si^2$.
Disthène...................... $Al^3\ Si^2$.
Dolomie...................... $Ca, C^2 + Mg^2$.
Diopside...................... $(Ca\ Mg)\ Si^2$.
Dufrénite..................... $f^4\ P^5 + 5\ aq$.

Émeraude.................... $Al\ Si^3 + G\ Si^2$.
Épidote...................... $2\ Al\ Si + Ca\ f$.
Étain oxydé.................... Sn.

Fer arsenical.................. F As^2.
— arseniaté.................. F As^5 + 4 aq.
— carbonaté................. fe C^2.
— carburé.................. C.
— hydroxydé................. Fe^4 aq.
— natif (voir les Météorites). Sans formule.
— oligiste.................. Fe^3.
— oxydulé.................. fe^2.
— oxydulé titanifère........... fe Ti.
— phosphaté (bleu)........... fe^3 P^5 + 5 aq.
— sulfuré................... f S.
— titané (voir Titaneisenerz). Formule variable.
Fibrolite..................... Al Si.

Galène...................... Pb S.
Gilbertite..................... 6 Al Si + (Ca, Mg f) + aq.
Glaucophane.................. 2 Al Si^2 + 4 R Si^2. La lettre R représente toutes les bases, f, Mg, Ca, Na.
Grossulaire................... Al Si + Ca Si.

Idocrase..................... Al Si + 2 (Ca, Mg mn f) Si (Beudant).
Ilménite..................... fe Ti^3 + 3 f Ti.
Ilménoruthil.................. T^2 ?

Kakoxène..................... $2 (Fe^2) O^3 P^2 O^5 + 12 H^2 O$.
Kalknatronfeldspath............ $Na^2(Al^2,Si^6O^{16}+Ca(Al^2)SiO^8$.
Ces deux formules sont données par M. Zirkel.

Lépidomélane.................. 3 Al Si + (Mg, Fe, K) Si.

Mengite (Titaneisenerz). Formule variable.
Mica magnésien................ 2 (Al fe) Si + (Mg, Ka) Si.
— potassique................ 6 (Al fe) Si + Ka Si^4.
Mikrokline (Feldspath triklinique, composition très voisine de l'Orthose).

Natronkalkfeldspath (voir Oligoklase).

Oligoklas..................... $(Na^3(Al^2)Si^6O^{16})+Ca(Al^2)Si^2O^8$.

Phénakite.................... G Si.

Plomb carbonaté.............. Pb C^2.
— phosphaté............. $3\ Pb^3\ Ph^5 + Pb\ Cl^2$.
Préhnite...................... $3\ Al\ Si + Ca^2\ Si^3 + aq$.
Pyroxène (voir Diopside).

Quartz. Formule générale....... Si.

Ruthil (Sagénite).............. Ti^2.

Scorodite..................... $Fe\ As^5 + 4\ aq$.
Serpentine.................... $2\ Mg\ Si^2 + Mg\ aq$.
Simplésite.................... $fe\ As^5 + aq$.
Sismondine.................... $Fe\ Si^2 + Al^3\ aq$.
Soufre........................ S.
Sphène........................ $Ca\ Si + Ti^2\ Si$.
Spinelle...................... $(Mg\ Fe)\ Al^3$.
Staurodite.................... $(Al\ Fe)^2\ Si$.
Steatite (n'a pas une formule bien fixe) $2\ Mg,\ Si^3 + x\ aq$.

Talc.......................... $H^2\ O,\ 3\ Mg\ O,\ 4\ Si\ O^2$. (Formule de Rammelsberg.)
Titane oxydé (voir Ruthil).
Titaneisenerz : formule variable ; moyenne $Fe\ Ti\ O^3$.
Topaze........................ $3\ Al\ Si + Al^2\ Fl$.
Tourmaline (Silicate borifère).

Wad (composition variable).

Zinc sulfuré.................. Zn S.
Zircon........................ Zr Si.

TABLE DES MATIÈRES.

www.ingramcontent.com/pod-product-compliance
Lightning Source LLC
LaVergne TN
LVHW020028170826
845678LV00001B/160

* 9 7 8 2 3 2 9 7 6 9 1 5 8 *